Die Gestaltung jüdischer Kultur im modernen amerikanischen Drama

von

Katrin Kraft

Tectum Verlag
Marburg 2005

Kraft, Katrin:
Die Gestaltung jüdischer Kultur im modernen amerikanischen Drama
/ von Katrin Kraft
- Marburg : Tectum Verlag, 2005
ISBN 978-3-8288-8910-1

© Tectum Verlag

Coverfoto: Broadway, 23rd Street, New York (1899)

Tectum Verlag
Marburg 2005

Inhaltsverzeichnis

1 Einleitender Teil

1.1 Einleitung - Vorstellung des Themas: Die Gestaltung jüdischer Kultur im modernen amerikanischen Drama................1

1.2 Historischer Überblick über das moderne jüdische Theater in Amerika................4

    1.2.1 Die Ära des jiddischen Theaters................4

    1.2.2 Überblick über das jüdisch-amerikanische Theater................10

    1.2.3 „Ethnic Theatre" oder *mainstream?* Zur Sonderrolle des Genres „jüdisch-amerikanisches Drama"................14

1.3 Vorstellung der ausgewählten Autoren und ihrer Dramen................16

    1.3.1 Auseinandersetzung der ausgewählten Autoren mit ihrer jüdischen Identität................16

    1.3.2 Kriterien zur Auswahl der näher behandelten fünf Dramen................25

1.4 Vorstellung der Themenschwerpunkte................28

    1.4.1 Jüdische Kultur in Amerika: die Geschichte der jüdischen Einwanderer................28

    1.4.2 Zur Verarbeitung des Holocausts im jüdisch-amerikanischen Drama................31

    1.4.3 Kulturelle Assimilation und die Gefahr des Identitätsverlusts................35

1.4.4 Zur Darstellung der Familie und zur besonderen Rolle der
jüdischen Mutter..37

2 Hauptteil

2.1 Jüdische Kultur in Clifford Odets *Awake and Sing!*...................................41

**2.2 Zur Verarbeitung des Holocausts im jüdisch-amerikanischen
Drama am Beispiel von Arthur Millers *Incident at Vichy* und
Barbara Lebows *A Shayna Maidel*...49**

2.2.1 Arthur Miller: *Incident at Vichy*..49

2.2.2 Barbara Lebow: *A Shayna Maidel*..58

**2.3 "How Jewish can you be in America?" - Assimilation und
Identitätsverlust in David Mamets Trilogie *The Old Neighborhood*
und Wendy Wassersteins Komödie *Isn't It Romantic?*...............................67**

2.3.1 David Mamet: *The Old Neighborhood*...67

2.3.2 Wendy Wasserstein: *Isn't It Romantic?*..81

**2.4 Das jüdisch-amerikanische Drama als Familiendrama und zur
besonderen Rolle der jüdischen Mutter am Beispiel von
Clifford Odets *Awake and Sing!* und Wendy Wassersteins
Isn't It Romantic?...88**

2.4.1 Clifford Odets: *Awake and Sing!*..89

2.4.2 Wendy Wasserstein: *Isn't It Romantic?*..90

3 Schlussteil

3.1 Zusammenfassung der dargestellten jüdischen Kultur im
modernen jüdisch-amerikanischen Drama..93

3.2 Ausblick: Zukunft des jüdisch-amerikanischen Dramas –
neue Autoren und Themenspektren...96

4 Bibliographie

Bibliographie...99

1 Einleitender Teil

1.1 Einleitung – Vorstellung des Themas: Die Gestaltung jüdischer Kultur im modernen amerikanischen Drama

Diese Untersuchung behandelt die Gestaltung jüdischer Kultur im modernen amerikanischen Drama. Im ersten Teil der Arbeit wird zunächst ein historischer Überblick über jüdische Theaterkultur in Amerika gegeben. Hierbei werden einflussreiche Autoren und wichtige Werke des jiddischen und jüdisch-amerikanischen Theaters vorgestellt. Anschließend wird versucht, sich einer Definition für das Genre „modernes jüdisch-amerikanisches Drama" zu nähern. Dabei sollen kulturelle Besonderheiten, durch die sich jüdisch-amerikanisches Drama auszeichnet, hervorgehoben werden. Das jüdisch-amerikanische Drama wird hier mit Vertretern des so genannten „Ethnic Theatre", wie dem „Afro-American Theatre" oder dem „Asian-American Theatre", verglichen.

Von der Fülle von Werken und Autoren, die das Genre „modernes jüdisch-amerikanisches Drama" zu bieten hat, wurden fünf Werke von fünf Autoren und Autorinnen zur näheren Betrachtung und Analyse ausgewählt. Diese Dramen stehen beispielhaft für die Beschäftigung jüdisch-amerikanischer Dramatiker mit bestimmten Themen, welche an Hand der Stücke näher analysiert werden. Zunächst sollen die Autoren und Autorinnen vorgestellt und die ausgewählten Themenkomplexe näher erläutert werden.

Der erste wichtige Themenkomplex ist die Immigration und Integration jüdischer Einwanderer in die USA zur Zeit der vorletzten Jahrhundertwende. Diese Problematik liegt unter anderem dem Drama *Awake and Sing!* (1935) von Clifford Odets zu Grunde. Es beschreibt die Situation der armen, jüdischen Einwandererfamilie Berger in New York zur Zeit der Großen Depression. Auf unterschiedliche Weise versucht jedes einzelne Familienmitglied den harten Anforderungen des Alltags gerecht zu werden und sein Leben zu meistern. Odets spielt in seinem Drama mit jüdischen Stereotypen, wie der dominanten, herrschsüchtigen Mutter oder dem reichen, geizigen Verwandten. Am Beispiel von *Awake and Sing!* kann die allgemeine Lebenssituation von Juden in Amerika vor dem Zweiten Weltkrieg veranschaulicht werden. Odets hat mit dem Gebrauch des so genannten „Yiddish-English"[1] als Bühnensprache den typischen Jargon der jüdischen Einwanderer eingefangen, an dem sich ihre Kultur gut festmachen lässt. Mit New York als Ort der

---

[1] Vgl. Haslam, Gerald W. „Odet's Use of Yiddish-English in *Awake and Sing*." *Research-Studies* 34 (1966): 161-64, 161.

Handlung hat er das Zentrum jüdischer Amerikaner in den USA damals und heute gewählt.

Der Holocaust wurde als zweiter Themenkomplex ausgewählt, dessen Verarbeitung im jüdisch-amerikanischen Drama am Beispiel von zwei sehr unterschiedlichen Dramen gezeigt werden soll. Zweifellos hat kein anderes geschichtliches Ereignis das jüdische Volk in Europa und in allen anderen Teilen der Welt so sehr geprägt wie die Verfolgung der europäischen Juden durch das Hitler-Regime. Einerseits litten die verschonten Juden in Amerika unter der Last, unversehrt die Schoah überstanden zu haben, andererseits fühlen sie sich zusammen mit den anderen Überlebenden seit dem Ende des Zweiten Weltkriegs dafür verantwortlich, von der Judenvorfolgung zu berichten, Dokumente von Überlebenden und Zeitzeugen zu archivieren und jüngeren Generationen zugänglich zu machen, um so den Holocaust im gesellschaftlichen Bewusstsein zu erhalten. Dieser Aufgabe sieht sich neben anderen Medien auch das Theater gestellt.

Arthur Millers Drama *Incident at Vichy* (1964) wurde als erstes Theaterstück zur Thematisierung des Holocausts ausgewählt. Miller verwebt hier einen authentischen Stoff mit Fiktion. Die französische Stadt Vichy stand zu Kriegszeiten unter deutscher Okkupation. Dort wurden, wie auch im Stück, Verhöre mit Menschen durchgeführt, die vorher willkürlich von der Straße festgenommen wurden. Stellten sich die Personen als Juden heraus, wurden sie zur Deportation nach Auschwitz oder in ein anderes Konzentrationslager abgeführt. Arthur Miller stellt literarisch eine Situation nach, in der von Nazis festgenommene Juden sowie ein nichtjüdischer Adeliger in einem Aufenthaltsraum auf ihre jeweiligen Vernehmungen warten. Die Handlungszeit ist 1942. In der zunehmend angespannteren Situation diskutieren die Gefangenen über Möglichkeiten des Ausbruchs und werden sich immer mehr ihrem unausweichlichen Schicksal der Abführung ins Konzentrationslager bewusst. Der gefangene Nichtjude, ein österreichischer Adeliger, opfert schließlich sein eigenes Leben, um einem der Juden die Flucht zu ermöglichen. Die Figuren in Millers Drama sind fiktional, die äußere Rahmenhandlung und der geschichtliche Hintergrund jedoch authentisch.

A Shayna Maidel von Barbara Lebow, das 1985 uraufgeführt wurde, ist das zweite Drama zur Problematisierung des Holocausts. Es zeigt das schwierige Weiterleben einer zerbrochenen und entfremdeten jüdischen Familie nach dem Holocaust. Während der Vater und die jüngste Tochter der polnischen Familie Weiss bereits vor dem Einfallen der Nazis nach Amerika flüchten konnten, musste die Mutter mit der älteren Tochter Lusia zurückbleiben. Die Mutter stirbt im Konzentrationslager. Lusia überlebt, ihre kleine Tochter jedoch nicht. Das Drama konzentriert sich bewusst auf die Zeit nach dem Holocaust. Die Handlung wird von der Annäherung zwischen Lusia, die nach dem Krieg aus Polen in die USA kommt, und ihrer durch und durch amerikanisierten Schwester Rose dominiert. Personifiziert durch die beiden Schwestern mit ihren ungleichen Biografien treffen hier zwei Kulturen aufeinander: die osteuropäische, jüdische Kultur und die moderne westliche, amerikanische Kultur.

Als nächstes wird der Themenkomplex kulturelle Assimilation, der Identitätssuche, Identitätsverlust und Identitätskrisen umfasst, näher betrachtet. Hierzu wurden die Dramen *The Old Neighborhood* (1997) von David Mamet und *Isn't It Romantic?* (1983) von Wendy Wasserstein ausgewählt. *The Old Neighborhood* besteht aus den Kurzdramen *The Disappearance of the Jews*, *Jolly* und *Deeny*. In allen drei Teilstücken von *The Old Neighborhood* werden urbane amerikanische Juden gezeigt, die ihre ethnischen Wurzeln verloren haben und sich in einem Vakuum der Identitätslosigkeit befinden. Der Protagonist begibt sich auf eine Reise in seine eigene Vergangenheit, um seine Wurzeln und seine Identität wiederzufinden. Durch die Gespräche mit seinen ehemaligen Weggefährten erfährt er, dass auch sie als assimilierte amerikanische Juden in Konflikt mit ihrer Herkunft und ihrer Identität stehen.

In Wendy Wassersteins Komödie *Isn't It Romantic?* sucht die junge Jüdin Janie Blumberg nach ihrer Identität und Lebensaufgabe. Gemeinsam mit ihrer Schulfreundin Harriet Cornwall beginnt sie in ihrer Heimatstadt New York ein neues Leben nach dem College. Beide sind Ende zwanzig und stehen am Anfang ihrer Karriere und eines selbstbestimmten Lebens. Harriet scheint mit den neuen Anforderungen zunächst besser zurecht zu kommen als Janie. Sie findet schnell einen gutbezahlten Job, in dem sie sich erfolgreich behaupten kann. Janie hingegen lässt sich auf einen jüdischen Arzt ein, der sie in die Rolle der potenziellen Mutter und Ehefrau drängen will. Sie muss sich gegen die Erwartungen ihrer Eltern endlich zu heiraten wehren, und hat Schwierigkeiten damit eine Arbeit als Autorin zu finden. Gegen Ende jedoch wendet sich das Blatt. Janie hat eine Anstellung bei einer Fernsehproduktion gefunden, sich von dem jüdischen Arzt Marty getrennt und weiß, welchen Lebensweg sie einschlagen will. Harriet entschließt sich kurzfristig zu einer Hochzeit, da sie sich neben einer Karriere auch nach einer Familie und Kindern sehnt.

Der letzte Themenkomplex der hier an Hand der Dramen *Awake and Sing!* und *Isn't It Romantic?* analysiert werden soll, ist die Darstellung der Familie und im Besonderen die Darstellung der jüdischen Mutter. Mit der häufigen Wahl eines familiären Settings und der Thematisierung familiärer Konflikte reiht sich das jüdische Drama einerseits in das amerikanische Drama des *mainstream realism* ein. Andererseits unterscheiden sich die Dramen vom nichtjüdischen *mainstream* durch kulturelle Besonderheiten, welche vor allem an den Darstellungen der jüdischen

Familie und insbesondere an den Darstellungen der jüdischen Mutter deutlich werden.

Im Schlussteil der Arbeit sollen die Besonderheiten des jüdisch-amerikanischen Dramas zusammengefasst und eine Aussage über seine Bedeutung für das amerikanische Theater und die amerikanische Kultur getroffen werden. Es sollen jüngere Vertreter des jüdisch-amerikanischen Dramas vorgestellt werden, im Hinblick auf neue Themen, die sie in ihren Werken verarbeiten.

1.2 Historischer Überblick über das jüdische Theater in Amerika
1.2.1 Die Ära des jiddischen Theaters

Das jiddische Theater in Amerika entstand im letzten Viertel des 19. Jahrhunderts. Jüdische Einwanderer, die aus Mittel- und Osteuropa nach Amerika ausgewandert waren, verband dort die gemeinsame Sprache des Jiddischen. Das Jiddische entstammt einem mittelhochdeutschen Dialekt, der im 12. Jahrhundert in Südwestdeutschland gesprochen wurde.[2] Die Sprache entwickelte sich im Spätmittelalter vor allem im Rheinland, das damals Zentrum der jüdischen Bevölkerung in Europa war. Zu den mittelhochdeutschen Elementen traten hebräische und romanische Elemente hinzu. Aufgrund der Immigration vieler Juden in den Osten nahm das Jiddische in den folgenden Jahrhunderten auch viele slawische Sprachelemente auf.[3] Jiddisch löste Hebräisch als *Lingua Franca* der zentral- und osteuropäischen Juden in der Diaspora ab.[4]

Die erste Aufführung eines jiddischen Theaterstücks in Amerika fand 1882 in der „Turn Hall City" von New York statt.[5] Es war die Inszenierung des als „operetta in five acts with nine tableaux" angekündigten Dramas *Di makhsheyfe* [„The Sorceress"] des jüdischen Dichters Abraham Goldfadn (1840-1908).[6] Sechs Jahre zuvor erst hatte das jiddische Theater mit einer Inszenierung von Goldfadn Weltpremiere in einem Café der rumänischen Stadt Jassi gehabt.[7] Innerhalb weniger Monate etablierte sich in New York eine jiddische Amateurtheaterkompanie, die an Wochenenden am „Bowery Garden Theater" Dramen von Goldfadn aufführte.[8] Goldfadns Schüler, der Dramatiker Joseph Lateiner (1853-1937) wurde Leiter der

---

[2] Vgl. Sandrow, Nahma. „Yiddish Theater and American Theater." In: Blacher Cohen, Sarah. (Hg.) *From Hester Street to Hollywood*. Jewish-American Stage and Screen. Bloomington: Indiana University Press, 1983, 18.
[3] Vgl. ebd.
[4] Vgl. Lifson, David S. „Yiddish Theatre." In: Schwartz Seller, Maxine. *Ethnic Theatre In The USA*. Westport, Connecticut: Greenwood Press, 1983, 550.
[5] Vgl. Helfman Kaufman, Rhoda, „The Yiddish Theater in New York and The Immigrant Jewish Community: Theater As Secular Ritual." [Masch.-schr.] Diss. Berkeley, California, 1986, 52.
[6] Vgl. Helfman Kaufman, Rhoda, 52.
[7] Vgl. Sandrow, Nahma, 18.
[8] Vgl. Helfman Kaufman, Rhoda, 53.

ersten professionellen jiddischen Theaterkompanie namens „Russian Jewish Opera Company", die 1884 in New York entstand.[9] An seinem eigenen Theaterhaus „Oriental Theatre" inszenierte Lateiner mehr als 150 Dramen. Sein Debüt feierte er mit *The Immigration of America* (1883). Mit einer weiteren Kompanie am „Rumanian Opera House", gegründet von dem russischen Dramatiker Morris Hurwitz, bekam Lateiner zwei Jahre später Konkurrenz. Hurwitz produzierte über einen Zeitraum von dreißig Jahren jede Woche ein neues Theaterstück.[10] Für die Entstehungszeit des jiddischen Theaters in Amerika stehen somit Abraham Goldfadn, Joseph Lateiner und Morris Hurwitz als Dramenautoren und Regisseure, die in New York eine Plattform schufen, auf der sich eine breite jiddische Theaterkultur entwickeln konnte. Die Autoren Nokhem Shaikevitch, Moishe Zeifert und Sigmund Feinman, deren Stücke beim Publikum großen Erfolg hatten, gehören ebenfalls in diese Gründerzeit des jiddischen Theaters.[11]

Zwischen Ende des 19. Jahrhunderts und Anfang des Ersten Weltkriegs kam eine große Welle jüdischer Einwanderer aus Europa, vor allem aus Russland, nach Amerika. Die meisten von ihnen waren arme, ungebildete Arbeiter, die sich auf der „Lower East Side" von New York ansiedelten und dort schweren Fabrikarbeiten nachgingen.[12] Sie bildeten das hauptsächliche Publikum in der ersten Phase des jiddischen Theaters. Für sie bedeutete das Theater in erster Linie ein Stück Heimat und Erinnerung an das Leben in den europäischen *schtetls*[13], das sie zurückgelassen hatten. Viele lebten in der „Neuen Welt" von ihrer Familie getrennt und sahen im Theater die Möglichkeit sozialen Anschlusses. Typisch für diese Zeit des jiddischen Theaters war auch der Starkult um die Schauspieler. Die Zuschauer waren sehr interessiert am Privatleben „ihrer" Schauspieler und verfolgten es gespannt in der jiddischen Presse. Zu den Stars der Anfangszeit des jiddischen Theaters gehörten Jacob Adler, Sigmund Mogulesko, Sophie Goldstein, Sara Adler und Bertha Kalish.[14]

Das jiddische Theater in den USA entwickelte sich in relativ kurzer Zeit von dem Status eines marginalen Volkstheaters zu einer kommerziell erfolgreichen Industrie. Die Zunahme der jüdischen Bevölkerung bedeutete auch wachsendes Interesse an jüdischer Theaterkultur. Bis 1903 entstanden sieben jiddische Theaterhäuser in New York. Zu den ersten Häusern, dem „Oriental Theatre" und dem „Rumanian Opera Playhouse" kamen das „People's Theater", das „Poole's", das „Windsor" sowie das „Grand" hinzu und das große Theaterhaus „Thalia" wurde von jid-

---

[9] Vgl. ebd.
[10] Vgl. ebd.
[11] Vgl. ebd., 51.
[12] Vgl. ebd., 55.
[13] Jiddisch für: Dorf, kleine Stadt
[14] Vgl. Helfman Kaufman, Rhoda, 56.

dischen Theatermachern übernommen.[15] Dazu kamen Varietébühnen, Konzerthallen und Kabarettbühnen. Neben New York trat das jiddische Theater bald auch in weiteren Städten auf, in denen es jüdische Gemeinden gab, wie Chicago, Philadelphia, Cleveland und Detroit.[16] In vielen nordamerikanischen Städten gastierten bald das gesamte Jahr über jiddische Theatergruppen. Sie waren unterschiedlich organisiert, einige wurden nur für eine Saison oder für ein Stück gebildet.

In New York konnte man neben Komödien und Tragödien auch Operetten, Revuen, Musicals und Melodramen auf Jiddisch sehen. Europäische Klassiker wie Shakespeares *Othello* oder Schillers *Maria Stuart* wurden in jiddischer Übersetzung erfolgreich inszeniert.[17] Dasselbe galt für Broadway-Hits, wie *Dr. Jekyll and Mr. Hide*, *Uncle Tom's Cabin*, *Cyrano de Bergerac*, *Johnny Belinda*, *It Can't Happen Here* und *Detective Story*.[18] Daneben liefen auch französische und deutsche Stücke gleichzeitig in englischer Übersetzung Uptown und in jiddischer Übersetzung Downtown.[19]

Als nächste wegweisende Figur, die das jiddische Theater in die Richtung eines neuen Realismus lenkte, ist der Dramenautor und Theaterkritiker Jacob Gordin (1853 – 1909) zu nennen. Gemeinsam mit dem damals sehr populären Schauspieler und Regisseur Jacob Adler leitete er die sogenannte „golden epoch" des jiddischen Theaters ein, die etwa von 1891 bis 1915 andauerte.[20] Gordin war vor allem vom europäischen Kunsttheater beeinflusst. Er wollte das jiddische Theater nach den Prinzipien der Modernen Kunst reformieren[21] und setzte dabei mehr auf moralische Aussagen anstatt auf reine Kunst. Seine Stücke waren realistische *problem plays* mit universeller Ausrichtung.[22] Unter den 63 Werken, die Gordin in der Periode zwischen 1891 und 1910 inszenierte, waren seine *King Lear*-Adaption *Di jidishe Kenig Lear* (1892) und die jiddische Version von *Dr. Faustus - Got, mensh und dayvil* (1890) besonders erfolgreich. Weitere bekannte Dramen Gordins sind *Murder On Madison Avenue* (1893), *The Pogrom* (1893) und *Mirele Efros* (1898). Gordin und Adler hatten bei ihrer Theaterarbeit den Anspruch, eine neue Art von Realismus auf die Bühne zu bringen. Ihr Theater sollte das Leben einerseits so zeigen wie es wirklich war und andererseits Mut zur Auflehnung der Menschen gegen

---

[15] Vgl. ebd., 54.
[16] Vgl. Lifson, David S., 556.
[17] Vgl. Sandrow, Nahma, 19.
[18] Vgl. ebd.
[19] Vgl. ebd.
[20] Vgl. Helfman Kaufman, Rhoda, 51.
[21] Vgl. Sandrow, Nahma, 20.
[22] Vgl. Lifson, David S., 563

Missstände im herrschenden System spenden.[23] Für Gordin und Adler bedeutete Realismus vor allem die Artikulation spezifisch jüdischer Probleme in Amerika.

Das Ende der „golden epoch" des jiddischen Theaters hatte unterschiedliche Gründe. Einerseits vermochte Gordin nicht mehr das Publikum zu begeistern und versagte in seinem Versuch, sich dem populären Geschmack anzupassen.[24] Andererseits führte auch die wirtschaftliche Stagnation zu allgemeinen Zuschauerrückgängen. Dazu kam noch, dass die jiddischen Theater in einem zunehmenden Konkurrenzkampf um ihre Zuschauer standen, vor allem mit den modernen „American Music Halls". Erfolgreichere amerikanische Theater warben populäre, jüdische Schauspieler mit besseren Gagen von den jiddischen Häusern ab.[25] Anstatt der sozialrealistischen Werke des Jacob Gordin feierten während der Zeit des Ersten Weltkriegs vermehrt Kriegsdramen und *domestic melodramas* auf der jiddischen Bühne Erfolge. Ein erstes Anzeichen für die Wende war der Erfolg von Boris Tomashevskys sentimentalem Stück *Dos pintele yid* (1910).[26]

Bis zum Anfang des Ersten Weltkriegs waren allein in New York bereits zwanzig jiddische Theater entstanden. Die „Hebrew Actors Union" von 1887 war einer der ersten professionellen, amerikanischen Verbände. Jüdische Amateurtheater waren ebenfalls sehr aktiv. 1916 und 1919 organisierten sie zum Beispiel nationale Zusammenkünfte in Cleveland und Detroit, wo Gruppen unkommerziell füreinander auftraten.[27] Auch „The Folksbiehne", das älteste immer noch aktive jiddische Theater der Welt, begann 1915 als Amateurgruppe in New York.[28] Es entstand durch den Zusammenschluss des „Progressive Dramatic Club" mit dem „Hebrew Dramatic Club". „The Folksbiehne" verstand sich vor allem als Volkstheater. Als weiteres wichtiges Theater ist das „Artef" zu nennen, sein Name setzt sich aus *Arbeiter Teater Farband* zusammen. 1926 gegründet, war das „Artef" ein sozial engagiertes, didaktisches Theater, das eine proletarische Bühne mit eigenem Stil etablieren wollte. Es war für amerikanische Verhältnisse politisch sehr links angesiedelt.[29] In direkter Konkurrenz zum „Artef" stand das „Yiddish Art Theatre", das 1918 von Maurice Schwartz ins Leben gerufen wurde. Im Gegensatz zum Agitproptheater des „Artef", das sich an die Arbeiterschicht wandte, sah das „Yiddish Art Theatre" sein Publikum eher in der gebildeten, intellektuellen Mittelschicht. Es inszenierte unter anderem Werke von Gorky, Schnitzler und Chekhov in jiddischer Übersetzung, sowie Werke der führenden jiddischen Autoren. Das „Yid-

---

[23] Vgl. ebd., 57.
[24] Vgl. Helfman Kaufman, Rhoda, 64.
[25] Vgl. ebd., 65.
[26] Vgl. ebd.
[27] Vgl. Sandrow, Nahma, 21.
[28] Vgl. ebd.
[29] Vgl. Lifson, David S., 570.

dish Art Theatre" unterschied sich von den anderen Theatern durch seinen gehobenen Anspruch.

In der Nachkriegszeit, besonders im Jahre 1924 emigrierten wieder Massen europäischer Juden, vor allem aus Russland, nach Amerika. Die vielen jüdischen Flüchtlinge brachten auch ein kulturelles Erbe mit sich. Ihre Literatur und ihre Bühnen- und Theaterkunst übten einen starken Einfluss auf das amerikanische Theater aus. Viele dieser osteuropäischen, jüdischen Einwanderer kamen aus einer sehr bildungsorientierten Gesellschaftsschicht, die eine große Affinität zu Literatur hatte. So ist auch zu erklären, warum unter den amerikanischen Roman- und Dramenautoren so auffallend viele jüdische Wurzeln haben.[30] Diese intellektuellere Schicht jüdischer Einwanderer war interessiert am Kunsttheater des „Yiddish Art Theatre".

Die kulturell verankerte jüdische Nähe zum Theater und zum Schreiben hat sich bis heute nicht verringert, wie Daryl Roth, erfolgreiche New Yorker Theaterproduzentin in einem Interview mit der „National Foundation for Jewish Culture" bestätigt.

> JCN: Why are Jews such strong supporters of the theater?
> DR: I think that our educational pursuits as a community include the cultural arts, and our families place a high premium on them. In many Jewish families, children grow up with the theater, and are encouraged to learn about it and experience it. When I grew up in New Jersey, we frequently went to New York, especially to see the ballet and the theater. That made a huge impact on me.
> JCN: What about the high percentage of Jewish playwrights?
> DR: Again, I think that many Jews come from families where there is curiosity about the theater, and that curiosity is encouraged. Playwrighting is certainly considererd an esteemed profession. We come from a heritage where professions in the arts are very honorable. In the Jewish tradition, being a writer has always been held high regard.[31]

Nach dem Ende des Ersten Weltkriegs hatte sich die jüdische Gemeinde i Amerika beachtlich vergrößert aber auch verändert. Dies bewirkte, dass das jiddische Theater eine andere Richtung einnahm. Dominierten um die Jahrhundertwende noch arme, ungebildete Einwanderer aus der Arbeiterschicht das Publikum, besuchten nun vermehrt die neuen, aus einer gebildeteren Schicht stammenden Einwanderer das Theater. Während sich das ehemalige Publikum vor allem vergangenheitsbezogene, das *schtetl*-Leben romantisierende Stücke gewünscht hatte und der Theaterbesuch noch mehr eine Funktion der sozialen Kontaktpflege einge-

---

[30] Vgl. ebd., 55.
[31] Vgl. www.jewishculture.org/theater/theater_roth.html

nommen hatte, stieg nun mit den Ansprüchen des Publikums auch das Niveau des jiddischen Theaters.

Als wichtige Dramenautoren für die Zeit nach dem Ersten Weltkrieg sind die Autoren Sholom Aleichem mit *The Big Winter*, *Sender Blank* und *Hard To Be A Jew*, Isaac Leib Peretz mit *Night In The Old Mart*, sowie Sholem J. Abramovitch mit *Travel Of Benjamin III* zu nennen. David Pinsky, Sholom Asch, Peretz Hirschbein, Leon Kobrin und andere Autoren experimentierten mit modernen Darstellungsmodi und Settings. Sie waren in ihrer Theaterarbeit von den Innovationen des europäischen Theaters und auch von den neu entstandenen unabhängigen Theatergruppen Amerikas beeinflusst.

David Pinsky (1872 – 1959) beschrieb in vielen seiner Dramen das Leben in den *schtetls* der „Alten Welt", wie zum Beispiel in *The Treasure*. Peretz Hirschbein (1880 – 1948) tat sich mit pastoralen Stücken hervor, die vom einfachen Leben gläubiger Juden erzählten. Am literarischen Anspruch seiner Dramen war sein künstlerischer Einfluss vom europäischen Kunsttheater und von den progressiven New Yorker Theatergruppen „American Provincetown Players" und „Washington Square Players" zu erkennen. Leon Kobrin (1872 – 1946), der 1892 von Russland nach New York ausgewandert war, thematisierte das Ghettoleben und Generationenkonflikte jüdischer Familien in seinen Dramen *Minna* und *East Side Ghetto* (1899).[32] In *Riverside Drive* (1928) veranschaulicht Kobrin die kulturellen Unterschiede zwischen der Einwanderergeneration und den folgenden Generationen, indem er die jiddische Sprache zum Handlungsträger funktionalisiert. Die Großeltern können sich hier mit ihren eigenen Enkeln nicht mehr verständigen, da diese nur noch Englisch sprechen, was die Großeltern wiederum nie gelernt haben.[33]

Während die meisten jiddischen Theater in den zwanziger und dreißiger Jahren unter großen finanziellen Schwierigkeiten litten, ging es dem „Yiddish Art Theatre" vergleichsweise gut, da es sich an das veränderte jüdische Publikum angepasst hatte.[34] Doch gegen Ende der dreißiger Jahre blieb auch dem „Yiddish Art Theater" das Publikum fern und die Ära des jiddischen Theaters in Amerikas ging zuende. Bis auf „The Folksbiehne", die vom jüdischen „Workmen's Circle" unterstützt wurde, verschwanden die jiddischen Theater langsam von der amerikanischen Theaterszene und mit ihnen auch die jiddische Sprache aus dem amerikanischen Alltag.[35] In *Café Crown* (1942) lässt Hy Kraft noch einmal die Ära des jid-

---

[32] Vgl. Lifson, David S., 566
[33] Vgl. Sandrow, Nahma, 22.
[34] Vgl. Helfman Kaufman, Rhoda, 70.
[35] Vgl. ebd., 73.

dischen Theaters aufleben und zeigt gleichzeitig ihren Niedergang.[36] Ort der Handlung ist ein Café, welches dem damals tatsächlich existierenden „East Side Café Royale" von New York nachempfunden ist. Dort trafen sich zur Glanzzeit des jiddischen Theaters seine gefeierten Schauspieler, Regisseure, Produzenten und Autoren. Kraft erklärt das Ende des jiddischen Theaters vor allem dadurch, dass die jiddischen Theaterstars sich von ihrem Theater abwandten und zum Broadway wechselten oder nach Hollywood gingen.[37] Die Charaktere werden als affektiert und darstellungssüchtig gezeichnet, die fasziniert sind von der neuen Glamourwelt des Broadways und Kinofilms.[38]

Dies war jedoch nicht der Hauptgrund für den Niedergang der jiddischen Theaterkultur in den USA. Es war eher so, dass im Zuge der relativ erfolgreichen Eingliederung der jüdischen Bevölkerung in die amerikanische Gesellschaft das jiddische Theater als kultureller Rückzugspunkt überflüssig geworden war. Durch die Assimilation der jüdischen Einwanderer, vor allem der zweiten Generation, hatte das jiddische Theater seine Bedeutung als Volkstheater, als sentimentale Erinnerung an die alte Heimat verloren.[39]

1.2.2 Überblick über das jüdisch-amerikanische Theater

Das Theater blieb auch nach dem Ende der jiddischen Theaterkultur in den USA ein populäres Berufsfeld für Juden. Sowohl als Autoren als auch als Produzenten blieben sie zahlenmäßig überrepräsentiert. In den ersten zwei Jahrzehnten des 20. Jahrhunderts veränderte sich viel in der amerikanischen Theaterlandschaft. Es entstanden kleinere „art theatres", die zunächst europäisches Kunsttheater inszenierten und entscheidenden Einfluss am erstmaligen Entstehen einer anspruchsvollen, amerikanischen Dramenkultur hatten. Als wichtigster und innovativster Dramatiker dieser Anfangszeit des modernen, amerikanischen Theaters gilt Eugene O'Neill. An jüdisch-amerikanischen Autoren erlangten zwischen den Anfangsjahren und dem Zweiten Weltkrieg vor allem Elmer Rice, John Howard Lawson, Clifford Odets, George S. Kaufman, Lillian Hellman, und S. N. Behrman Beachtung.[40]

Elmer Rice hatte als erster dieser neuen Generation jüdischer Dramenautoren am Broadway Erfolg, unter anderem mit seinem Stück *The Trial* (1914). Er war auch der erste jüdische Autor, der den renommierten Pulitzer Preis für Drama erhielt. Für sein Stück *Street Scene* (1929), welches das Leben unterschiedlicher eth-

---

[36] Vgl. Harap, Louis. *Dramatic Encounters. The Jewish Presence in Twentieth-Century American Drama, Poetry, and Humor and the Black-Jewish Literary Relationship*. Westport: Greenwood Press, Inc., 1987, 133.
[37] Vgl. ebd.
[38] Vgl. ebd.
[39] Vgl. ebd.
[40] Vgl. ebd., 87.

nischer Minderheiten in Amerika beschreibt und dabei das Gesellschaftsbild eines „melting pot" entwirft, wurde Rice diese renommierte Auszeichnung verliehen. Er schrieb es im Stil des *social realism* und setzte damit den Ton für die meisten folgenden jüdisch-amerikanischen Dramen an. Wie eine ganze Reihe neuer Autoren des amerikanischen Theaters war Rice politisch radikal links eingestellt. Das jüdisch-amerikanische Drama der zwanziger Jahre gilt auch als Ursprung einer linkssozialistischen und systemkritischen literarischen Bewegung.[41] So werden in *The Belt* (1927) von Paul Sifton, und *The Adding Machine* (1931) von Elmer Rice die Machtverteilungen zwischen Arbeitgeber und Arbeitnehmer und die zermürbende Akkordarbeit an den Fließbändern großer, amerikanischer Fabriken kritisiert.[42] Rices Dramen reflektierten das Hauptanliegen vieler jüdischer Einwanderer zu Anfang des 20. Jahrhunderts: „to make it in America" - den gesellschaftlichen Druck, im kapitalistischen Amerika Erfolg zu haben. Damit gekoppelt war die Angst vor Ausbeutung und Herabsetzung und vor dem wachsenden Nationalismus in den Staaten aus denen die Juden geflohen waren.[43] Zu diesem Thema sei auch John Howard Lawsons Drama *Success Story* (1931) erwähnt. Darin wird ein jüdischer Einwanderer gezeigt, der sich, von der Sucht nach Erfolg und gesellschaftlichem Aufstieg getrieben, zu skrupellosen Taten hinreißen lässt.[44]

Clifford Odets, der neben Rice als der wichtigste jüdische Dramatiker der zwanziger und dreißiger Jahre gilt, konzentrierte sich mehr als Rice auf die Thematisierung jüdischer Identität in seinen Dramen. Die Konflikte und Charaktere sowie seine Bühnensprache sind oft stark jüdisch geprägt, wie in *Awake and Sing!* (1935) und *Paradise Lost* (1935). Clifford Odets war für viele der nachkommenden jüdisch-amerikanischen Dramatiker das große Vorbild. Zu seinen bekanntesten Werken zählen neben *Awake and Sing!* noch *Waiting for Lefty* (1935), das die gesellschaftliche Ungerechtigkeit zwischen Arm und Reich anprangert und die Arbeiterklasse zu einer Revolution aufruft. Die jüdische Identität und die Schwierigkeiten jüdischer Einwanderer in Amerika problematisierte auch Aaron Hoffman in seinem Werk *Welcome Stranger* (1920). Es zeigt einen jüdischen Kaufmann, der,

---

[41] Vgl. Siebald, Manfred. „Jüdisch-amerikanische Literatur im 20. Jahrhundert zwischen *upward mobility* und *ancestral grief*." In: Grözinger, Karl E. *Jüdische Kultur*. Studien zur Geistesgeschichte, Religion und Literatur. Band 3: Neumeier, Beate (Hg.) *Jüdische Literatur und Kultur in Großbritannien und den USA nach 1945*. Wiesbaden: Harrassowitz Verlag, 1998, 95-121, 105.
[42] Vgl. ebd.
[43] Vgl. Schiff Ellen, „The Greening of American-Jewish Drama." In: Fried, Lewis, Gene Brown, Jules Chametzky und Louis Harap (Hg.). *Handbook of American- Jewish Literature*. An Analytical Guide to Topics, Themes and Sources. Westport, Connecticut: Greenwood Press, 1988, 91-122, 93.
[44] Vgl. Schiff, Ellen. „Hard to be a Jew? Questions of Identity in American-Jewish Drama." *Modern Jewish Studies* 12 .4 (2001): 22 – 33, 26.

als er sich in einem kleinen Dorf niederlassen will, mit offenen antisemitischen Anfeindungen zu kämpfen hat.[45]

Der kommerziell erfolgreichste und populärste jüdisch-amerikanische Dramenautor der zwanziger und dreißiger Jahre war jedoch George S. Kaufman, der sich vor allem mit Komödien hervortat.[46] In vielen seiner Werke bringt er das Milieu der Unterhaltungsindustrie und somit auch jüdische Charaktere auf die Bühne. In *Merton of the Movies* (1922) thematisiert er das Leben eines Filmregisseurs, in *The Butter and Egg Man* (1925) dreht sich die Handlung um einen Theaterproduzenten und in *The Royal Family* (1927) wird ein Schauspielmanager porträtiert. In seinen Dramen problematisiert Kaufman auch die von Konkurrenzkampf und Gefühlskälte geprägten menschlichen Beziehungen im Unterhaltungsgeschäft.[47] Als eines der populärsten Theaterstücke der zwanziger Jahre sei hier auch die Komödie *Abie's Irish Rose* der nichtjüdischen Autorin Anne Nichols genannt. Es behandelt das Thema der interkonfessionellen Ehe am Beispiel eines katholisch-jüdischen Liebespaars.[48] Zur großen Popularität dieses Theaterstücks trug unter anderem seine wertfreie Erzählweise bei. Es stellte keine der Ethnien und Religionszugehörigkeiten über die andere.[49]

Die für das moderne amerikanische Drama sehr bedeutende und geschätzte jüdische Autorin Lillian Hellman integrierte in keines ihrer Dramen jüdische Charaktere oder Aspekte jüdischer Kultur, da sie darin keine allgemeine Bedeutung für die amerikanische Gesellschaft sah.[50] S. N. Behrman, der vor allem mit romantischen Liebesdramen wie *Serena Blandish* (1929) Erfolg hatte, machte hingegen die jüdische Kultur zum Hauptthema einiger seiner Dramen, unter anderem in *Rain From Heaven* (1934) und The *Cold Wind and the Warm* (1958).[51]

Nach dem Zweiten Weltkrieg wurden die vorher dominanten Themen der Integration und des Proletariats abgelöst von kritischen Überlegungen zum Amerikanischen Traum und zur Rolle des Individuums in der modernen, industrialisierten Gesellschaft, wie in Millers Jahrhundertwerk *Death of a Salesman* (1949).[52] Die Autoren gehörten nun meist der zweiten Generation jüdischer Einwanderer an und waren bereits assimiliert. Für viele jüdisch-amerikanische Schriftsteller bedeutete die Zeit zwischen 1945 und den sechziger Jahren den Durchbruch in den amerika-

---

[45] Vgl. Schiff, Ellen. „Hard to be a Jew? Questions of Identity in American-Jewish Drama.", 24.
[46] Vgl. Harap, Louis, 93.
[47] Vgl. ebd., 94.
[48] Vgl. Blacher Cohen, Sarah. „Yiddish Origins and Jewish-American Transformations." In: Blacher Cohen, Sarah (Hg.) *From Hester Street To Hollywood*. The Jewish-American Stage and Screen. Bloomington: Indiana University Press, 1983, 1-17, 5.
[49] Vgl. ebd.
[50] Vgl. Harap, Louis, 99.
[51] Vgl. ebd., 96-97.
[52] Vgl. ebd., 106.

nischen *mainstream*.[53] Dies gilt besonders für das literarische Gebiet des Theaters, auf dem jüdische Autoren von Anfang an führend waren. So produzierten sie ein Drittel der zu den *Best Plays* gekürten Dramen der ersten Hälfte des 20. Jahrhunderts und können seit 1929 dreizehn Pulitzer Preise für Drama verzeichnen.[54] Zu jüdisch-amerikanischen Dramatikern, die sich seit der Nachkriegszeit profilieren konnten, gehören unter anderem Paddy Chayefsky, Neil Simon und Jules Feiffer. Paddy Chayefsky, der auch für Film und Fernsehen schrieb, problematisierte jüdische Themen vor allem in seinen Dramen *The Tenth Man* (1959) und in *Gideon* (1961), einer Adaption des jiddischen Stücks *The Dybbuk* von Ansky.[55] Neil Simon erreichte Beachtung durch seine Komödien, in die er den durch Selbstironie gekennzeichneten jüdischen Humor einfließen ließ. Zu seinen populärsten Stücken gehören *Barefoot in the Park* (1963), *The Odd Couple* (1965) und *Gingerbread Lady* (1970).[56] Besonders bekannt wurde Jules Feiffer durch seine Sozialsatire *Little Murders* (1966), die erfolgreich Off- Broadway lief.[57] Als wichtiger Beitrag zur Steigerung der Popularität jüdischer Kultur auf der Bühne gilt auch das Musical *Fiddler On The Roof* (1964) von Joseph Stein und Jerry Bock, das auf einer Idee Sholom Aleichems basiert.[58] Es erlangte binnen kurzer Zeit internationalen Erfolg.[59]

Das für die jüdische Identität essentielle Thema des Holocausts wurde von jüdisch-amerikanischen Dramatikern verstärkt ab den sechziger und siebziger Jahren aufgegriffen. Arthur Miller schrieb zum Thema Holocaust die Werke *After The Fall* (1964), *Incident At Vichy* (1964), *Playing For Time* (1980) und *Broken Glass* (1994). Weitere Holocaustdramen jüdischer Autoren seit den sechziger Jahren sind Paddy Chayevskys *Holiday Song* (1952), Lenny Sacks *The Survivor and The Translator: A Solo Work about Not Having Experienced the Holocaust by a Daughter of Concentration Camp Survivors* (1980) und Lisa Lipkins *What Mother Never Told Me* (1993).[60] David Mamet lässt in *The Goldberg Street* (1985) einen Holocaustüberlebenden an einem Massengrab über den Krieg und die Judenverfolgung reflektieren. *A Shayna Maidel* (1985) von Barbara Lebow beschäftigt sich mit dem schwierigen Weiterleben von Holocaustüberlebenden und deren Angehörigen.

---

[53] Vgl. ebd., 110.
[54] Vgl. ebd., 111.
[55] Vgl. ebd., 137.
[56] Vgl. Grabes, Herbert. *Das amerikanische Drama des 20. Jahrhunderts*. Stuttgart; Düsseldorf; Leipzig: Klett, 1998, 121.
[57] Vgl. ebd., 131.
[58] Vgl. Harap, Louis, 135.
[59] Vgl. ebd.
[60] Vgl. Siebald, Manfred, 113.

Die seit den sechziger Jahren im Zuge der Bürgerrechtsbewegung stark gewordene ethnische Identität der Minoritäten in Amerika, also auch der jüdischen Minderheit, ließ die Schriftsteller sich zunehmend mit der Identitätsfrage und der kulturellen Assimilation beschäftigen. David Mamet problematisiert in seinem Drama *The Disappearance of The Jews* (1982) die Schwierigkeiten vollkommen assimilierter Juden, die alle Erkennungsmerkmale einer jüdischen Identität verloren zu haben scheinen. Die Frage nach der jüdischen Identität ist auch das zentrale Thema vieler Dramen von Alfred Uhry, unter anderem *The Last Night of Ballyhoo* (1997) und *Parade* (1999). Viele jüdisch-amerikanische Dramenautoren seit den achtziger Jahren versuchen in ihren Werken Lebensentwürfe zu zeigen, welche die jüdische mit der amerikanischen Identität sinnvoll vereinen.[61] Dazu gehören unter anderem Daniel Goldfarb, Donald Margulies, Arja Shaw und Karen Malpede. An der seit den siebziger Jahren aufgekommenen Thematisierung spezifischer Randgruppenprobleme im Theater, wie der Umgang mit Homosexualität oder mit AIDS haben sich zahlreiche jüdische Autoren mit Dramen beteiligt, unter anderem William Hoffman mit *As Is* (1985), Larry Kramer mit *The Normal Heart* (1985) und Harvey Fierstein mit *Safe Sex* (1987).[62]

1.2.3 „Ethnic Theatre" oder *mainstream*? Zur Sonderrolle des Genres „jüdisch-amerikanischen Drama"

Für Amerikaner, die einer ethnischen Minderheit angehören, gibt es im amerikanischen Sprachgebrauch den Ausdruck *Hyphenated American*, übersetzt also „der Amerikaner mit Bindestrich". Dazu gehören unter anderem der „Afro-American", der „Hispanic-American" und der „Asian-American". Dementsprechend haben sich auch einzelne Genres des „Ethnic Theatre" herausgebildet, wie das „Black American Theatre", das „Asian-American Theatre" und das „Chicano Theatre". Sie zeichnen sich vor allem durch die Auseinandersetzung mit der eigenen Herkunft, mit den *roots* aus. Die typische Darstellungskonvention in diesen Dramen ist die des europäischen Realismus des 19. Jahrhunderts.[63] Die Realität in diesen Dramen wird aus der Sicht der betreffenden Minderheit geschildert. Das bedeutet oft die Darstellung der Unterdrückung und des Leidens unter der dominanten Mehrheit der weißen Amerikaner mit ihrer europäisch-westlichen Kultur.

Die Afroamerikaner waren die ersten, die ihren Status als ethnische und kulturelle Minderheit in den USA in eigenen Theaterstücken deutlich machten. 1959 wurde mit Lorraine Hansberrys *A Raisin in the Sun* zum ersten Mal ein Drama ei-

---

[61] Vgl. Schiff, Ellen. „Hard to be a Jew? Questions of Identity in American-Jewish Drama.", 28.
[62] Vgl. Grabes, Herbert, 164.
[63] Vgl. ebd., 23.

ner schwarzen Autorin am Broadway aufgeführt.[64] Es folgten die sechziger und siebziger Jahre, die für Amerika große gesellschaftliche Umbrüche bedeuteten. Die Schwarzen erkämpften sich mühsam ihr Recht auf gleiche Behandlung als amerikanische Staatsbürger und suchten in der Kunst gleichzeitig nach den Wurzeln ihrer Identität. Viele legten ihre einst von Sklavenhändlern zugeteilten englischen Namen ab und gaben sich Namen, die auf ihre Herkunft hinweisen sollten, so auch die Dramenautorin Ntozake Shange, die 1948 als Paulette Williams geboren wurde und der Autor Amiri Baraka, der vorher LeRoy Jones hieß.

Dem Beispiel der schwarzen Bewegung folgten nach kurzer Zeit auch die anderen Minoritäten. Das Chicano-Theater – „Chicanos" ist die Bezeichnung für mexikanische Landarbeiter – zeichnete sich in seinen Anfängen in den sechziger Jahren vor allem durch vehementen sozialen Protest aus.[65] In den Siebzigern thematisierten die Autoren des Chicano-Theaters verstärkt ihre ethnische Herkunft, indem sie aztekische und indianische Mythen in die Dramen aufnahmen. Die Besinnung auf die eigenen Wurzeln ist auch bei den Werken des asiatisch-amerikanischen Theaters das zentrale Thema. Hervorgetan hat sich hier der Sohn chinesischer Einwanderer David Henry Hwang, der mit *M. Butterfly* von 1988 am Broadway großen Erfolg hatte.[66]

Kann man das jüdisch-amerikanische Theater ohne weiteres in das Genre „Ethnic Theatre" aufnehmen? Zunächst scheint es sich auch hier um die Darstellung einer mit Bindestrich versehenen Minderheit zu handeln: die des „Jewish-American". Die Frage nach der Identität und nach den *roots* ist jedoch bei den amerikanischen Juden nicht so eindeutig wie bei den anderen amerikanischen Minderheiten. Die „Asian-Americans" können sich wie die „Hispanic-Americans" auf ein bestimmtes Land und damit auch auf eine bestimmte Nation und Sprache festlegen, aus der sie oder ihre Elterngeneration einwanderten. Die Afroamerikaner haben durch den Verlust ihrer Originalnamen zwar oft die Spuren zu ihrem Herkunftsland verloren, können sich jedoch allesamt auf den Kontinent Afrika als ihren Ursprung beziehen. Die Juden waren jedoch vor der Gründung Israels im Jahre 1948, als bereits etwa zwei Millionen Juden in den USA lebten, keine Nation im politischen Sinne und die meisten gehörten auch nach der Staatsgründung einer anderen Nationalität als der israelischen an.[67] Es handelt sich bei der jüdischen Identität aber auch nicht um eine rein religiös definierte, da viele Juden überhaupt nicht religiös sind. Die jüdische Identität setzt sich aus einem Teil ethnischer und einem Teil religiöser

---

[64] Vgl. ebd.
[65] Vgl. ebd., 134.
[66] Vgl. ebd., 25.
[67] Vgl. Mayer, Michael A. *Jüdische Identität in der Moderne*. Frankfurt am Main: Jüdischer Verlag im Suhrkamp Verlag, 1992, 10.

Zugehörigkeit zusammen. Ob und welcher der beiden Teile in der jüdischen Identitätsbildung überwiegt, bleibt letztendlich ungeklärt.[68]

Im Gegensatz zu den anderen Vertretern des „Ethnic Theatre" ist das jüdisch-amerikanische Theater auch nicht als Sprachrohr einer unterdrückten Minderheit entstanden. Es ist eher so, dass es unter amerikanischen Dramenautoren auffallend viele mit einer jüdischen Herkunft gibt und dass diese in ihre Werke auch, aber nicht unbedingt jüdische Kultur mit einfließen lassen. Aufgrund der starken Nähe und Tradition der jüdischen Kultur zum Theater kann man also von einem Genre „jüdisch-amerikanisches Drama" sprechen, das dem *American mainstream* angehört, sich jedoch oft durch eine spezifisch jüdischen Färbung von ihm abhebt. Diese zeigt sich unter anderem an der Wahl bestimmter Themen und sozialer Milieus, an der Charakterisierung der Figuren sowie an der Bühnensprache, in die Elemente des Jiddischen und typisch jüdische Wendungen eingebaut werden.

1.3 Vorstellung der Autoren und ihrer Dramen
1.3.1 Auseinandersetzung der ausgewählten Autoren mit ihrer jüdischen Identität
Clifford Odets:

Clifford Odets wurde 1906 als Sohn österreichisch-russischer, jüdischer Einwanderer in Philadelphia geboren. Beide Eltern waren bereits als Kinder nach Amerika gekommen. Als Clifford zwei Jahre alt war, zog Vater Louis mit der Familie nach New York, musste jedoch wegen finanzieller Schwierigkeiten kurze Zeit später wieder nach Philadelphia zurückkehren. Die Gegend von Philadelphia, in der Clifford die ersten sechs Jahre seines Lebens verbrachte, war stark von deutschjüdischen Einwanderern besiedelt, von denen viele noch Jiddisch sprachen.[69] Während er von seinen Eltern ausschließlich auf Englisch erzogen wurde und sie auch in ihrem Lebensstil sehr amerikanisch waren, bekam Odets viel Jiddisch von seinem sozialen Umfeld, besonders von seiner Tante Esther Rossman und ihrem Ehemann Israel mit. Die Rossmans teilten sich mit den Odets ein gemeinsames Haus.

1912 zog die Familie aufs Neue nach New York, in eine jüdische Wohngegend der Bronx. Vater Louis nahm Abendkurse an der New York University. 1916 konnte die Familie, die von der Arbeiterschicht langsam in die Mittelschicht aufgestiegen war, in eine schönere Wohngegend von New York ziehen. Bei Ausbruch des Ersten Weltkriegs hatte sich Vater Louis beruflich vom Arbeiter zum Ge-

---
[68] Vgl. ebd.
[69] Vgl. Shuman, R. Baird. „Clifford Odets and the Jewish Context." In: Blacher Cohen, Sarah (Hg.). *From Hester Street To Hollywood*. Jewish American Stage and Screen. Indiana University Press, 1983, 85-105, 85.

schäftsführer einer Druckerei hochgearbeitet und konnte seiner Familie Sommerferien auf dem Lande ermöglichen.[70]

Clifford Odets brach 1923 nach zwei Jahren die ihm sehr verhasste Highschool ab und strebte stattdessen eine Schauspielerkarriere an. Zunächst erhielt er kleinere Rollen am „Poet's Theater" und bei den „Drawing Room Players". Von 1927 bis 1929 spielte er am „William Penn Opera House" in Philadelphia. Im Jahre 1929 hatte Odets sein Broadway- Debüt im Stück *Conflict*. Dort traf er auf Cheryl Crawford, die Casting Direktorin für die „Theatre Guild" war. Sie wechselte 1931 zum progressiven „Group Theatre" von Lee Strasberg und Harold Clurman. In der ersten Produktion des „Group Theatre", *The House of Connelly* (1931) von Paul Green, verschaffte sie Odets eine Schauspielrolle. 1935 übernahm Odets seine letzte Rolle als Schauspieler. In seinem eigenen Stück *Waiting for Lefty* (1935) spielte er den jüdischen Arzt Dr. Benjamin, der seine Position in einem Krankenhaus verliert, da die Krankenhausleitung vermutlich antisemitisch eingestellt ist.[71]

Das Jahr 1935 sollte auch zu dem erfolgreichsten Jahr von Odets Karriere als Dramenautor werden. Vier seiner Dramen liefen gut besucht am Broadway: *Waiting for Lefty*, *Till the Day I Die*, *Awake and Sing!* und *Paradise Lost*. Alle diese Dramen hatten eine marxistische Färbung, Odets selbst trat für kurze Zeit der kommunistischen Partei bei. Während *Waiting for Lefty* hauptsächlich die volkswirtschaftliche Lage zur Zeit der Großen Depression behandelt, und bis auf die Nebenhandlung um Dr. Benjamin das Thema „Jewishness" außen vor lässt, befassen sich die anderen drei Dramen stark mit jüdischer Kultur und Identität. *Till The Day I Die* erzählt von einem jüdischen Kommunisten, der sich zur Zeit des Hitler-Regimes im Nazideutschland aufhält und so zum Opfer der SS wird.[72] In *Awake and Sing!* und *Paradise Lost* wird das Leben jüdischer Familien in Amerika porträtiert. Die Familie Berger in *Awake and Sing!* ist eine arme Einwandererfamilie, die in New York um das tägliche Überleben kämpft. Die Gordons in *Paradise Lost* sind zunächst wohlhabend, geraten jedoch durch den Verlust des Geschäfts des Vaters in eine wirtschaftliche Notlage.[73] Jüdische Kultur und Traditionen sind bei den Bergers stärker ausgeprägt als bei den Gordons, die sich dem amerikanischen Lebensstil bereits sehr angepasst haben.[74]

1936 ging Odets einen Vertrag mit dem Hollywood Filmstudio Metro-Mayer-Goldwyn ein und wurde Drehbuchautor. Gleichzeitig schrieb er weiterhin Theaterstücke, wie *Golden Boy* (1937) und *Rocket to the Moon* (1938), um so das

---

[70] Vgl. ebd.
[71] Vgl. ebd., 88.
[72] Vgl. ebd.
[73] Vgl. ebd .
[74] Vgl. ebd.

„Group Theatre" zu unterstützen.[75] Bis zu seinem Tod schrieb er noch drei Theaterstücke: *The Big Knife (*1949), *The Country Girl* (1950), das zum kommerziellen Erfolg wurde und *The Flowering Peach* (1954), eine moderne Noah-Adaption. Clifford Odets starb 1963 an Krebs.

Durch seinen Stil und sein Temperament qualifizierte sich Odets als wichtigstes Sprachrohr für die benachteiligten Massen Amerikas während der Depressionsjahre.[76] Er galt in den dreißiger Jahren als ‚great white hope' des amerikanischen Theaters und wurde bereits als „der neue O'Neill" gefeiert - diesem Anspruch konnte er allerdings nie voll und ganz gerecht werden. Sein größter Verdienst war es, eine Brücke zwischen dem unterhaltenden Melodrama des frühen 20. Jahrhunderts und dem reifen, politischen Theater der Nachkriegszeit zu schlagen.[77]

Odets präsentierte in seinen Werken zwei Anliegen, die für viele Juden von besonderer Bedeutung waren. Das eine war die Spannung im jüdischen Familienleben, die vor allem durch unterschiedliche Wertvorstellungen der einzelnen Familienmitglieder und den unterschiedlichen Grad ihrer Anpassung an den „American Lifestyle" hervorgerufen wurde.[78] Diese Spannung wurde durch die Tatsache verstärkt, dass aus Geldmangel meist mehrere Generationen auf engem Raum zusammen leben mussten. Das andere war der Kampf der idealistischen, kreativen Seele für persönlichen Ausdruck in einer Gesellschaft, die zunehmend von Geld regiert wurde.[79] Während seiner Zeit in Hollywood hatte Odets selbst erlebt, welchen Einfluss kommerzieller Erfolg auf einen Künstler haben kann und er verarbeitete seine Erfahrungen in *The Big Knife* und *The Country Girl*. In vielen seiner Dramen setzte sich Odets mit zwei weiteren wichtigen Themen der jüdischen Kultur auseinander: dem jüdische Exil und der jüdische Mutter. Nicht zuletzt ist es die Sprache seiner Figuren, der jiddisch-englische Dialekt, mit der Odets in seinen Dramen jüdische Kultur auf authentische Weise vermittelt.

Arthur Miller:

Arthur Miller wurde als Kind eines polnisch-jüdischen Einwanderers und einer jüdischen Amerikanerin der zweiten Generation 1915 in New York, im Stadtteil Harlem geboren.[80] In Harlem wohnte zu dieser Zeit hauptsächlich ein

---

[75] Vgl. Grabes, Herbert, 8.
[76] Vgl. Demastes, William W. *Clifford Odets. A Research and Production Sourcebook.* Westport, Connecticut: Greenwood Press, 1991, 5.
[77] Vgl. Schiff, Ellen. „The Greening of American-Jewish Drama.", 93.
[78] Vgl. ebd.
[79] Vgl. ebd.
[80] Vgl. Robinson, James A. „Arthur Miller's *The Price* and Jewish Assimilation." In Maufort, Marc (Hg.) *Staging Difference. Cultural Pluralism in American Theatre And Drama.* New York, Washington, D.C./ Baltimore, San Francisco, Bern, Frankfurt am Main, Berlin, Vienna, Paris: Peter Lang, 1995, 121-138, 121.

multikultureller Mix aus mittelständischen Familien.[81] In einem Interview der *Paris Review* von 1966 antwortete Miller auf die Frage, ob er denke, dass in seiner Erziehung eine spezifisch jüdische Tradition Einfluss auf ihn ausgeübt habe:

> I never used to, but I think now that, while I hadn't taken over an ideology, I did absorb a certain viewpoint. That there is tragedy in the world but that the world must continue: one is a condition for the other. Jews can't afford to revel too much in the tragic because it might overwhelm them. Consequently, in most Jewish writing there's always the caution, "Don't push it too far toward the abyss, because you're liable to fall in." I think it's part of that psychology and it's part of me, too. I have, so to speak, a psychic investment in the continuity of life.[82]

Die Familie zog 1929 nach Brooklyn. Im selben Jahr wurde das Familiengeschäft vom großen Börsencrash ruiniert. Miller ging im Alter von neunzehn Jahren an die Universität von Michigan, wo er erst Journalismus studierte und dann zum Fach Englisch wechselte.[83] Bereits als Student schrieb Miller Theaterstücke. Mit seinem ersten Drama *Honors at Dawn* gewann er den „Avery Hopwood Award" seiner Universität. Im Vorkriegsamerika begann Miller sich für die Themen Schuld, Verlust von Idealismus, Moral und Selbstaufgabe zu interessieren. Bei der Arbeitssuche erfuhr Miller persönlich oft Ablehnung aufgrund seiner jüdischen Identität.[84] Dies beeinflusste seine sozialen und politischen Ansichten und er machte den Antisemitismus und die Ablehnung des Individuums von der Gesellschaft zu Themen vieler seiner Dramen.[85] In *The Half-Bridge* (1941-43), das unaufgeführt blieb, thematisiert Miller das Schicksal der Juden in Europa und bringt seine eigene jüdische Identität mit ein.[86]

1944 wurde zum ersten Mal ein Theaterstück von ihm aufgeführt: *The Man Who Had All the Luck* lief am Broadway, wurde allerdings nach wenigen Aufführungen wieder abgesetzt. Bereits mit seinem nächsten Stück *All My Sons* (1947) konnte Miller beachtliche Publikumserfolge verzeichnen.[87] Sein drittes Drama *Death of a Salesman* (1949) sollte zum Jahrhunderterfolg in künstlerischer und kommerzieller Hinsicht werden und ließ Miller neben Williams und O'Neill in die

---

[81] Vgl. Bigsby, C. W. E. *A critical introduction to twentieth-century American drama.* Vol. 2: Tennessee Williams, Arthur Miller, Edward Albee. Cambridge: University Press, 1984, 137.
[82] Vgl. „Arthur Miller: An Interview," *Theater Essays*, 292 In: Brater, Enoch. „Ethics and Ethnicity in the plays of Arthur Miller." In: Blacher Cohen, Sarah (Hg.). *From Hester Street to Hollywood* The Jewish-American Stage and Screen. Bloomington: Indiana University Press, 1983, 123-136, 124.
[83] Vgl. Bigsby, C. W. E. *A critical introduction to twentieth-century American drama.* Vol. 2, 137.
[84] Vgl. ebd.
[85] Vgl. ebd., 139.
[86] Vgl. ebd., 154.
[87] Vgl. Grabes, Herbert, 109.

Riege der „finest American dramatists" aufsteigen.[88] In *Death of a Salesman* vermittelt Miller am anschaulichsten seine moralische Gesellschaftskritik, in welcher der Einzelne immer Verantwortung für die Gesellschaft und ihr System trägt, andererseits wiederum abhängig ist von der Gesellschaft, in der er lebt. In *The Crucible* (1953) verglich Miller das Vorgehen der McCarthy-Regierung und ihrem „Un-American Activities Committee" gegen die Linksintellektuellen Amerikas mit einer mittelalterlichen Hexenjagd.

Nach den zwei Einaktern *A Memory of Two Mondays* (1955) und *A View from the Bridge* (1955) sollte es neun Jahre dauern, bis Miller mit *After the Fall* (1964) sein Theatercomeback feierte.[89] *After the Fall*, und die darauffolgenden Dramen *Incident at Vichy* (1965) und *The Price* (1968) waren die ersten veröffentlichten Werke Millers, in denen er Charaktere zeigte, die unmissverständlich jüdische waren.[90] Auch mit dem Thema Holocaust hat sich Miller seit den sechziger Jahren immer wieder in seinen Dramen auseinandergesetzt. In *After the Fall* (1964) wird das Bühnenbild von dem Wachturm eines Konzentrationslagers dominiert,[91] *Incident at Vichy* (1965) zeigt die Verhaftung jüdischer Zivilisten durch die Nationalsozialisten in Frankreich. *Playing for Time* (1980) handelt von einer jüdischen Musikerin, die das Konzentrationslager Auschwitz durch ihre Funktion im KZ-Orchester überlebt. *Broken Glass* (1994) zeigt eine amerikanische Jüdin, die über das Mitleiden an der deutschen Judenverfolgung krank wird.[92] In einem Interview mit Christopher Bigsby von 1978 erklärte Miller, warum seine jüdische Identität und der Holocaust nicht früher zum Thema seines Schaffens geworden waren.

> I became far more aware of what Jewishness meant to me. I quite honestly hadn't had any such sensation earlier on. It probably was suppressed by the fact that we lived in a country with a lot of anti-semitism, in the forties, the thirties, too. And what that does to somebody is to suppress his identity in a way. Neither my father nor mother could speak Yiddish . . . I kind of dug it out of myself . . . It meant the establishment of an identity that I would never live to have.

Arthur Miller gehört als Vertreter des American *mainstream realism* zu den bekanntesten und am meisten geschätzten amerikanischen Dramatikern des 20. Jahrhunderts. In einigen seiner Werke platziert er die Handlung in ein spezifisch jüdisches Milieu und setzt sich mit Fragen zur jüdischen Identität auseinander. So

---

[88] Vgl. ebd.
[89] Vgl. ebd.
[90] Vgl. Bigsby, C. W. E. *A critical introduction to twentieth-century American drama*. Vol. 2, 217.
[91] Vgl. Schiff, Ellen. *From Stereotype to Metaphor*. The Jew in contemporary Drama. Albany: State University Press, 1982, 214.
[92] Vgl. Siebald, Manfred, 112.

21

kann man diese Dramen zum Genre „jüdisch-amerikanisches Drama" zählen. Sie bleiben aber gleichzeitig ein Teil des *mainstreams*, da sie sich mit allgemein gesellschaftlich aktuellen Themen befassen und das gesamte amerikanische Publikum ansprechen.

Barbara Lebow:

Barbara Lebow wurde 1936 in Brooklyn, New York geboren. Sie besuchte einige Schulen in Manhattan und schloss das Vassar College ab.[93] In den Sechzigern zog Lebow nach Atlanta, Georgia. Dort trat sie bald dem „Academy Theatre Developmental Workshop" bei, der viele ihrer Stücke produzierte. Zu Lebows bekanntesten Stücken zählen neben *A Shayna Maidel* (1985) *The Adventures of Homer McGundy* (1985), und *The Keepers* (1988). Außer dem „Academy Theatre Developmental Workshop" produzierten auch viele andere Theater Barbara Lebows Dramen, unter anderem das „Arkansas Repertory Theatre", das „Jean Cocteau Repertory Theatre" und die „Philadelphia Theatre Company".[94] *A Shayna Maidel* ist jedoch ihr einziges Stück, das erfolgreich in New York Off-Broadway lief. Es wurde in das 1984-1985 *Best Plays* Jahrbuch aufgenommen. Barbara Lebow ist Mitglied der „Dramatist Guild".

David Mamet:

David Mamet wurde 1947 in Chicago geboren und wuchs im jüdischen Viertel der Stadt auf. Seine Mutter war Lehrerin, sein Vater arbeitete als Anwalt. Nach der Scheidung der Eltern lebte Mamet bei seiner Mutter. Über seine Erziehung sagte Mamet selbst:

> My grandparents were Russian-Jewish immigrants. My father grew up poor but subsequently made a good living. My life was expunged of any tradition at all. Nothing old in the house. No colour in the house. The virtues expounded were not creative but remedial; let's stop being Jewish, let's stop being poor.[95]

Er besuchte eine Chicagoer Privatschule im jüdisch geprägten Vorort Olympia Fields. Während der Schulzeit arbeitete Mamet am „Hull House Theatre", einer Amateurgruppe unter Regisseur Bob Sickinger. Außerdem arbeitete er als Küchenhilfe am Improvisationstheater „Second City", eine Theatergruppe, die Mamet in seiner Arbeit sehr beeinflusste. Er bezeichnete sie als Erfinder eines neuen Thea-

---

[93] Vgl. Blacher Cohen, Sarah (Hg.). *Making a scene. The Contemporary Drama of Jewish-American Women.* New York: Syracuse University Press, 73.
[94] Vgl. www.ptnj.org/Bios/playwrights.htm
[95] Vgl. Bigsby, C. W. E. *David Mamet.* London: Methuen & Co. Ltd., 1985, 18.

ters: schnell, improvisatorisch, episodisch, satirisch.[96] Die Verbindung von Mamet zum Theater seit seiner Kindheit manifestierte sich auf noch direktere Art, indem er Kinderrollen für Fernsehproduktionen übernahm. Sein Onkel, der „director of broadcasting for the Chicago Board of Rabbi" war, verschaffte ihm Rollen, in denen er jüdische Kinder mit religiösen Problemen spielte.[97]

Nach der Highschool studierte Mamet am Goddard College in Plainfield, Vermont Literatur und Theater. Als Abschlussarbeit in englischer Literatur schrieb er sein erstes Drama mit dem Titel *Camel*. Während seines Studiums war er achtzehn Monate lang am „Neighborhood Playhouse" beschäftigt, eine an Stanislavsky orientierte Gruppe unter Sanford Meisner - einer der Gründer des „Group Theatre" der dreißiger Jahre. Seine Zeit am „Neighborhood Playhouse" brachte Mamet zu der Überzeugung, dass Sprache entscheidend zur Charakterbildung beiträgt und die Persönlichkeit prägt: *the language we use, its rhythm, actually determines the way we behave rather than the other way around.*[98]

Während der Zeit des Vietnamkriegs erlitt Mamet einen Nervenzusammenbruch und wurde daher nie als Soldat eingezogen.[99] In vielen seiner Dramen kann man sein Interesse und seine Sympathie für Charaktere erkennen, die sich nahe an einer Psychose befinden. Mamets Faszination für Sprache und für Charaktere, die abseits der gesellschaftlichen Norm stehen ist europäischen Ursprungs.[100] Sein Wunsch, Sprache, Charakter und Plot neu zu definieren, sein Glaube an die Bedeutung von sprachlicher Auslassung reihen ihn in eine Theatertradition mit seinen Vorbildern Beckett und Pinter.[101] Die andere Tradition in der Mamet steht ist die der großen amerikanischen Dramatiker des *mainstream realism* mit ihren Hauptvertretern O'Neill, Miller und Williams, die in ihren Stücken amerikanisches Leben sehr authentisch nachstellten und familiäre Konflikte problematisierten.[102]

Seit dem Ende seiner College-Zeit ging Mamet unterschiedlichen Beschäftigungen und Gelegenheitsjobs nach. Er arbeitete unter anderem als Schauspieler, Bühnenmanager, Taxifahrer und Reinigungskraft. Eine Immobilienagentur, in der Mamet ein Jahr lang beschäftigt war, wurde zur Vorlage für sein preisgekröntes Drama *Glengarry Glen Ross* (1984). Durch seine unterschiedlichen Tätigkeiten schärfte sich Mamets Sinn für die amerikanische Umgangssprache. Er wurde außerdem mit der Entfremdung des urbanen Menschen von seinen natürlichen Bedürfnissen und Emotionen und der zunehmenden Isolation in der Großstadt ver-

---

[96] Vgl. ebd., 19.
[97] Vgl. ebd.
[98] Vgl. ebd.
[99] Vgl. ebd.
[100] Vgl. ebd., 20.
[101] Vgl. ebd.
[102] Vgl. ebd.

traut.[103] Seine Figuren charakterisiert er meist als liebesunfähig und einsam. Die Entfremdung und Vereinsamung des Individuums wird bei Mamet einerseits durch das kapitalistische System genährt, das Individuum ist jedoch immer der Hauptverantwortliche für seinen sozialen Verfall.[104] Blind vor Egoismus streben die Mametschen Figuren oft nur noch nach der Befriedigung oberflächlicher Verlangen, wie zum Beispiel die Jagd auf den Cadillac in *Glengarry Glen Ross*. Sie erkennen dabei nicht, dass ihre menschlichen Bedürfnisse nach Zuneigung und Freundschaft auf der Strecke bleiben und dass sie durch ihr Verhalten nur einsamer und frustrierter werden.[105]

Nach einer kurzen Zeit am Marlboro College in Vermont kehrte Mamet an das Goddard College zurück und arbeitete dort als Schauspiellehrer. 1972 zog Mamet wieder in seine Heimatstadt Chicago und gründete dort eine kleine Theatergruppe namens „The St. Nicholas Company", die bis 1977 in Chicago auftrat. Bekannt wurde Mamet zunächst mit seinen Dramen *Sexual Perversity in Chicago* (1974) und vor allem mit *American Buffalo* (1977), das sehr erfolgreich am Broadway lief. *American Buffalo* wurde vom New York Drama Critics' Circle zum „Best Play" gekürt. Für *Glengarry Glen Ross* erhielt Mamet den Pulitzer Preis, vier Tony Awards und wieder die Auszeichnung „Best Play" des New York Drama Critics' Circle. Es folgten zahlreiche Theaterstücke, unter anderem *The Shawl* (1985), *Speed-the-Plow* (1988), *Oleanna* (1991), *The Cryptogram* (1995) und *The Old Neighborhood* (1997). Neben einer Fülle an Dramen schrieb Mamet auch Drehbücher für erfolgreiche Spielfilme, wie *The Postman Always Rings Twice* (1981), *The Untouchables* (1987) und *Wag the Dog* (1997).

David Mamet gilt neben Sam Shepard als wichtigster amerikanischer Dramatiker seit den siebziger Jahren. Als Vertreter des *new realism*[106], eine veränderte Darstellungsform des *mainstream realism*, zeichnet er sich vor allem durch die Inszenierung von Realität über Sprache aus. Seine Bühnensprache ist meist eine harte, aggressive Umgangssprache, welche das unsoziale Verhalten der Charaktere widerspiegelt. Oft wählt Mamet typisch jüdische Milieus (wie das Filmgeschäft in *Speed-the-Plow*) für seine Dramen und definiert so über die Wahl der Namen und Herkunft seiner Figuren ihre Identität als jüdische. Doch die gesellschaftlichen Missstände, die Mamet in seinen Werken aufdeckt, beziehen sich auf die gesamte amerikanische Gesellschaft. Eine Ausnahme bildet *The Old Neighborhood* und

---

[103] Vgl. Hubert-Leibler, Pascale. „Dominance and Anguish: The Teacher-Student Relationship in the Plays of David Mamet." *Modern Drama* 4 (1988): 557-570, 568.
[104] Vgl. ebd.
[105] Vgl. ebd.
[106] Im *new realism* werden mitunter Darstellungsmittel verwendet, welche die realistische Illusion durchbrechen oder alternative Weltsichten, wie die feministische oder die einer ethnischen Minderheit geboten. Vgl. Grabes, Herbert, 148.

darin besonders *The Disappearance of the Jews*, das sich auf die speziellen Nöte assimilierter Juden in Amerika konzentriert.

Wendy Wasserstein:
Wendy Wasserstein wurde 1950 in Brooklyn, New York, als jüngstes von vier Kindern geboren und wuchs in gut situierten Verhältnissen auf - ihr Vater hatte eine eigene Textilfabrik. Als sie elf Jahre alt war, zog die Familie nach Manhattan. Wasserstein bezeichnete ihre Familie als „a sort of traditional family, eccentric but traditional".[107] Ihre Mutter Lola war eine professionelle Tänzerin. Die Nähe zum Theater entwickelte sich bei Wasserstein bereits in früher Kindheit. Ihre Eltern nahmen sie oft zu Matinee-Vorstellungen mit und ihr Großvater schrieb selbst Theaterstücke auf Jiddisch.[108]

Nach ihrem Abschluss vom Mount Holyoke College, mit dem Hauptfach Geschichte, schloss Wasserstein das New York City College mit dem Master of Arts ab und absolvierte anschließend einen weiteren Master of Arts an der Yale School of Drama. Ihre Abschlussarbeit war der Vorläufer ihres ersten veröffentlichten Theaterstücks *Uncommon Women and Others*, das 1977 am New Yorker „Playwrights Horizons Theater" uraufgeführt wurde. Es folgten die Dramen *Isn't It Romantic?* (1983), *The Heidi Chronicles* (1989), *Tender Offer* (1991), *The Sisters Rosensweig* (1993) sowie eine Anzahl von Drehbüchern für Film und Fernsehen. Für ihr wohl bekanntestes Werk *The Heidi Chronicles*, welches am Leben der Kunsthistorikerin Heidi Holland episodenhaft die Geschichte der amerikanischen Frauenbewegung erzählt, erhielt Wendy Wasserstein zahlreiche Auszeichnungen, darunter den Pulitzer Preis, den Tony Award, den „Best Play" des New Yorker Drama Critics' Circle Award und die Drama Desk Auszeichnung für „Best New Play".

Viele ihrer Dramen enthalten autobiographische Elemente. Wasserstein dient sich selbst oft als Modell für ihre Protagonistinnen. Holly Kaplan in *Uncommon Women and Others* und Janie Blumberg in *Isn't It Romantic?* ähneln der Autorin in Lebensführung, Charaktereigenschaften und sogar äußerem Erscheinungsbild auffallend. In *Isn't It Romantic?* kann man auch die Ähnlichkeiten zu Wassersteins eigenen Eltern nicht übersehen. Der Vater im Stück, Simon Blumberg, ist Büroartikelfabrikant, die Mutter Tasha eine exzentrische Tänzerin. In einem Interview mit

---

[107] Vgl. Whitfield, Stephen J. „Wendy Wasserstein and the Crisis of (Jewish) Identity". In: Halio, Jay L. Und Ben Siegel (Hg.). *Daughters of Valor*. Contemporary Jewish American women writers. Newark: University of Delaware Press, 1997, 226-246, 226.
[108] Vgl. Bryer, Jackson R. „Interview with Wendy Wasserstein." In: *The Playwright's Art*. Conversations with Contemporary American Dramatists. New Brunswick, N.J.: Rutgers University Press, 1995, 257-276, 258.

Jackson Bryer antwortete Wendy Wasserstein auf die Frage, ob ihre jüdische Identität und ihre jüdische Erziehung sie in ihrer künstlerischen Arbeit beeinflusst habe:

> Oh, very much so. My work extremely so, in terms of humor very much so, and in terms of a pathos, too, I think. It's interesting writing about Jewish subject matter as well.[109]

Über *Isn't It Romantic?*, sagte Wasserstein im selben Interview:

> Well, I saw *Isn't It Romantic?* in Tokyo, and it's the most Jewish of all my plays. It's about me and my mother basically, and it opens with this woman in a tie-dyed leotard singing "Sunrise, Sunset" to her daughter, asking her when she's going to get married.[110]

Wassersteins Dramen handeln meist von Frauen, die sich in einer von Männern dominierten Welt behaupten müssen. Oft geraten ihre Protagonistinnen mit den gesellschaftlichen Erwartungen, die an sie gestellt werden, in Konflikt. Eine dieser Erwartungen, die Wasserstein oft aufgreift, ist die der Eheschließung.[111] Gleichzeitig thematisiert Wasserstein in ihren Dramen auch immer die jüdische Kultur und ihre Entwicklung in Amerika. So zeigt sie zum Beispiel die erschwerte Erwartung an jüdische Frauen, innerhalb des jüdischen Kulturkreises zu heiraten.[112] Wendy Wasserstein ist eine Autorin des *American mainstream*, die ihren Stücken eine feministische Aussage verleiht. Die Schwierigkeiten ihrer Frauenfiguren sind keine spezifisch jüdischen, sondern beziehen sich auf die gesamtgesellschaftliche Benachteiligung von Frauen, wie sie Wasserstein sieht. Die Protagonistinnen ihrer Dramen sind jedoch fast ausschließlich Jüdinnen. Wasserstein stellt Konflikte von Frauen in industrialisierten Gesellschaften, wie den Einklang zwischen Familie und Karriere oder die Abnabelung von den Eltern als besonders erschwert für jüdische Frauen dar. Sie zeigt weibliche Charaktere, welche die in der jüdischen Kultur verankerte, traditionelle Rolle der Frau gegen eine moderne amerikanische Lebensauffassung eintauschen.

1.3.2 Kriterien zur Auswahl der näher behandelten fünf Dramen

Von den oben vorgestellten Autoren und Autorinnen wurde jeweils ein Drama zur näheren Betrachtung ausgewählt. In den Dramen der Autorinnen sind Frauen die zentralen Figuren, die männlichen Figuren sind an der Handlung nicht maßgeblich beteiligt. Bei Barbara Lebows *A Shayna Maidel* bilden die zwei Schwestern Rose und Lusia Weiss die zentralen Figuren. In Wendy Wassersteins *Isn't It Ro-*

---

[109] Vgl. ebd., 271-272.
[110] Vgl. ebd., 272.
[111] Vgl. Whitfield, Stephen J. „Wendy Wasserstein and the Crisis of (Jewish) Identity", 227.
[112] Vgl. ebd., 230.

mantic? kreist die Haupthandlung um die Protagonistin Janie Blumberg und ihre Freundin Harriet Cornwall. In den Dramen der Autoren wiederum spielen männliche Figuren die zentralen Rollen. In Odets *Awake And Sing!* hat zwar die Mutter Bessie eine dominante Stellung in der Familie und tritt auch viel deutlicher hervor als ihr eher blass gezeichneter Ehemann Myron. Auch Hennie Berger ist eine wichtige Figur, liefert sie doch durch ihre uneheliche Schwangerschaft entscheidende dramatische Kraft. Die zentrale Figur ist jedoch Ralph Berger. Er liefert durch sein Leiden am meisten Identifikationspotenzial, dies galt besonders für das Publikum zu Odets Zeiten. Ralph opfert seine Jugend, um mit schwerer körperlicher Arbeit die Familie am Leben zu erhalten. Er kann sich kein Privatleben leisten. Gleichzeitig ist er auch Hoffnungsträger, da er gewillt ist, die schwere Zeit der Depression durchzuhalten und an eine bessere Zukunft glaubt. Bei Arthur Millers *Incident At Vichy* kommen ausschließlich Männer auf der Bühne vor. Die einzige Frau, die im Dialog erwähnt wird, ist Leducs Ehefrau. In David Mamets *The Old Neighborhood* ist mit Bobby Gould ebenfalls ein Mann die Hauptfigur der drei Einakter. Die Dramenauswahl ist also hinsichtlich der Konzentration auf männliche oder weibliche Hauptfiguren ausgeglichen.

Es wurde bei der Dramenauswahl außerdem versucht, unterschiedliche Epochen der Moderne abzudecken. Das realistische Sozialdrama *Awake and Sing!* von 1935 gehört in die erste Epoche der Moderne. Es beschreibt die schwere Anfangszeit der jüdischen Einwanderer im wirtschaftlich armen Amerika der zwanziger Jahre. *Awake And Sing!* ist gesellschaftskritisch mit einer politischen sowie einer moralischen Botschaft an das Publikum. Dies ist für das jüdisch-amerikanische Theater der zwanziger und dreißiger Jahre typisch.

Incident At Vichy thematisiert mit der Judenverfolgung in Europa die Zeit des Zweiten Weltkriegs zwischen 1938 und 1945. Das Drama wurde 1964 uraufgeführt. Die sechziger und siebziger Jahre in Amerika waren von dem Starkwerden ethnischer Randgruppen und politischem Engagement geprägt. Die Aufklärung über die Gräueltaten des Zweiten Weltkriegs hatte stattgefunden und das Bewusstsein über Diskriminierung aufgrund der Zugehörigkeit zu einer gesellschaftlichen Minorität wurde stark. Die Bewegung der Afroamerikaner stand beispielhaft für die ethnische Bewusstseinswerdung anderer Minderheiten, so auch der Juden. Arthur Millers Drama handelt von ungerechter Behandlung aufgrund einer bestimmten ethnischen Zugehörigkeit. Das historische Erbe des Holocausts hat sich seit dieser Zeit zum wichtigsten Identifikationsmerkmal der amerikanischen Juden entwickelt.

Barbara Lebows Drama *A Shayna Maidel* von 1985 thematisiert die Nachkriegszeit der fünfziger Jahre. Man spürt hier deutlich den aufkommenden Kapitalismus, besonders an der Figur der Rose. Sie definiert sich vor allem über ihr eigenes Apartment mit modernen Haushaltsgeräten und modischer Kleidung. Auch das für die Nachkriegszeit typische Vergessenwollen der schrecklichen Kriegserlebnisse wird durch die Figur der Lusia veranschaulicht. Sie wehrt sich dagegen, über die grausamen Erfahrungen im Konzentrationslager zu sprechen, versucht stattdessen so schnell wie möglich Englisch zu lernen und den amerikanischen „Way of Life" anzunehmen.

In Wendy Wassersteins Komödie *Isn't It Romantic?* von 1983 befindet sich das Publikum mitten in der kapitalistischen Postmoderne. Die einschneidenden sechziger und siebziger Jahre haben ihre Wirkung gezeigt, denn die jungen Frauen im Drama sind selbstbewusst und emanzipiert. Die Figuren leben im Wohlstand und sind beruflich erfolgreich. Janies Vater hat eine gut laufende, eigene Firma, Harriets Mutter ist eine erfolgreiche und einflussreiche Geschäftsfrau. Der junge Arzt Marty hat einen reichen Restaurantkettenbesitzer zum Vater. Juden werden bei Wasserstein als geschäftstüchtig und voll in Amerika integriert gezeigt. Die Nöte und Konflikte ihrer Figuren sind nicht finanzieller, sondern kultureller Art. Sie suchen nach einem Weg, sich vom kulturellen *mainstream*, dem sie eigentlich angehören, abzugrenzen. Marty ist am stärksten auf der Suche nach einer jüdischen Identität und Kultur. Er überlegt zum Beispiel ernsthaft, nach Israel auszuwandern.

In David Mamets Drama *The Old Neighborhood* von 1997 ist die Assimilation der Figuren dann so weit fortgeschritten, dass sie verloren und desorientiert wirken in der amerikanischen Realität. Die Chicagoer Juden, die Mamet dem Publikum vorstellt, haben den Bezug zu ihrer jüdischen Identität verloren. Sie sehnen sich nach einem sinnvollen Leben, in dem ihre jüdische Herkunft wieder eine Bedeutung bekommt. Nach den achtziger Jahren, die in Amerika von Konsum und Wohlstand geprägt waren, reflektiert *The Old Neighborhood* die eher nachdenklichen und zurückhaltenden neunziger Jahre. Viele Amerikaner suchten nach ideellen Werten in einer schnelllebigen Zeit. Typisch für die Generation amerikanischer Juden, die zu dieser Zeit zwischen dreißig und vierzig Jahre alt waren, war die Rückbesinnung auf die jüdische Religion. Viele lernten wieder Hebräisch und verbrachten einige Zeit in Israel. Kinder dieser Generation wurden vermehrt auf Thoraschulen geschickt.

Die ausgewählten Dramen porträtieren also jüdisch-amerikanisches Leben von den zwanziger bis in die neunziger Jahre des 20. Jahrhunderts. *Awake and Sing!* behandelt das für die jüdisch-amerikanische Literatur zentrale Thema der Integration. Mit *Incident at Vichy* und *A Shayna Maidel* thematisieren zwei Dramen den Holocaust, der besonders für amerikanische Juden ein identitätsbildendes, geschichtliches Ereignis darstellt und die psychische und moralische Schwierigkeit des Weiterlebens nach dem Holocaust. Die Suche der assimilierten amerikanischen Juden nach einer eigenen Identität wird in *The Old Neighborhood* und *Isn't It Romantic?* veranschaulicht.

In den Dramen *Awake and Sing!*, *A Shayna Maidel*, *The Old Neighborhood* und *Isn't It Romantic?* werden jüdisch-amerikanische Familien vorgestellt. Die Familie und besonders die jüdische Mutter nimmt in der jüdischen Tradition und Kultur eine zentrale Rolle ein. Daher wundert es nicht, dass es sich auch bei der Mehrheit der jüdisch-amerikanischen Dramen um Familiendramen handelt. Damit fügt sich das Genre „modernes jüdisch-amerikanisches Drama" wiederum in die Tradition des amerikanischen *mainstream realism* ein, der das amerikanische Drama des 20. Jahrhunderts dominiert. Die im *mainstream realism* dargestellten Lebenswelten mit ihren Figuren, Handlungsräumen und Situationen werden so „realistisch" und milieuspezifisch wie möglich, also so nahe wie möglich an der lebensweltlichen Erfahrung des Publikums dargestellt.[113] Da fast jeder Mensch in einer Familie aufwächst und in seinem Leben Erfahrungen mit Familien macht, ist die Familie ein beliebtes Thema und gleichzeitig ein realistisches Darstellungsmittel des modernen amerikanischen Dramas. Die Besonderheiten der jüdischen Familie mit ihrer Entwicklung in Amerika und die Rolle der jüdischen Mutter sollen hier am Beispiel von *Awake and Sing!* und *Isn't It Romantic?* herausgearbeitet werden. Bevor die Dramen Einzelnen analysiert werden, sollen zunächst die Themenschwerpunkte Integration, Holocaust, Assimilation und Familie gründlicher untersucht werden.

1.4 Vorstellung der Themenschwerpunkte
1.4.1 Jüdische Kultur in Amerika: die Geschichte der jüdischen Einwanderer
Die Geschichte jüdischen Lebens in Amerika beginnt 1654 in New York, zu dieser Zeit noch Nieuw Amsterdam, mit der Ankunft von 23 jüdischen Flüchtlingen aus Recife in Brasilien. Da die Portugiesen die holländische Kolonie wieder für sich eingenommen hatten, fühlten die Juden sich nun durch die Inquisition bedroht.[114] Bis auf einen, den jiddischsprechenden Juden Asser Levy, verließen die Flüchtlinge Amerika jedoch nach kurzer Zeit wieder Richtung Karibik oder Holland. Asser Levy gilt somit als Gründer der jüdischen Gemeinde Amerikas. Bis zur amerikanischen Revolution von 1776 blieb die jüdische Bevölkerung eine kleine Randgruppe in Amerika, mit nur 1000 bis 2500 Personen. Das Exil in der „Neuen Welt" bedeutete für die Eingewanderten oft die Verabschiedung von jüdischen Traditionen, wie der Einhaltung des Sabbats und der koscheren Essensregeln. Für die orthodoxen und frommen Juden West- und Osteuropas galt Amerika daher lange Zeit als gottloses Land und stellte für sie keine Lebensalternative zu Europa dar.

Die fehlenden Lebensperspektiven und bedrohliche Armut ließen dann zwischen 1840 und 1860 etwa 150.000 deutschstämmige Juden nach Amerika auswan-

---
[113] Vgl. Grabes, Herbert, 10.
[114] Vgl. Sattar, Majid. „Ein gelobtes Land." *Frankfurter Allgemeine Zeitung* 251 (27. Okt. 2004): 8.

dern, welche dort die jüdische Gemeinde auf etwa 200.000 Mitglieder vergrößerten. Viele der jüdischen Einwanderer besaßen eine relativ gute Bildung und konnten sich so leichter als andere Einwanderer in der neuen Heimat integrieren. Im Gegensatz zu etwa den Iren konnten die meisten Juden durch den Besuch von Rabbinerschulen lesen und schreiben. So konnten sie sich als Händler und Kaufleute in den rasch wachsenden Großstädten der Ostküste, wie New York oder Philadelphia behaupten. Diese erste große Gruppe jüdischer Einwanderer waren Reformjuden, die sich von den strikten orthodoxen Riten trennten und sich in die von Protestanten dominierte amerikanische Gesellschaft einfügen wollten. Ihr Oberhaupt war Isaac Mayer Wise, der 1846 nach Amerika kam.[115] Er setzte sich für ein fortschrittliches Judentum ein und wollte so die Ausgrenzung von Juden vermeiden. Cincinnati, die Stadt, in der Wise lebte und arbeitete, ist noch heute das Zentrum progressiver Juden in Amerika.[116]

Die nächste große Einwanderungswelle fand 1881 statt. Nach der Ermordung des russischen Zaren flohen Hunderttausende russische Juden vor Pogromen und Verfolgung nach Amerika. Unter der Herrschaft von Nikolaus II nahm die Diskriminierung nochmals zu und erreichte im Massaker von Kishinev 1903 ihren Höhepunkt.[117] Die russischen Juden waren im Gegensatz zu den deutschstämmigen sehr orthodox eingestellt und kamen aus einer eher ungebildeten Arbeiterschicht. Sie strebten keine kulturelle Integration in die amerikanische Gesellschaft an. So bildeten sich innerhalb kurzer Zeit jüdische „Ghettos", in denen ausschließlich Jiddisch gesprochen wurde und der Rabbiner die höchste Autorität war. Das größte jüdische Ghetto bildete sich an der „Lower East Side" von New York, die bis in die sechziger Jahre des 20. Jahrhunderts ein fast ausschließlich jüdisches Viertel bleiben sollte.

Die russischen Juden, die den reformorientierten gegenüber spätestens nach der nächsten jüdischen Einwanderungswelle aus Russland, zur Zeit des Ersten Weltkriegs, eindeutig in der Mehrheit waren, machten sich durch die Gründung zahlreicher Verbände und Organisationen wie des konservativen „Jewish Theological Seminary of America" 1886 oder des prozionistischen „American Jewish Congress" 1918 bemerkbar.[118] In Amerika trugen die Masseneinwanderung russischer Juden und deren kulturelle Abgrenzung zum Aufkommen von antisemitischen Strömungen bei, die 1921 Ausdruck in der Verabschiedung eines Quotengesetzes zur Einwanderung fand.[119] Während der Präsidentschaft Franklin D. Roosevelts,

---

[115] Vgl. ebd.
[116] Vgl. ebd.
[117] Vgl. Lifson, David S. , 556.
[118] Vgl. Sattar, Majid, 8.
[119] Vgl. ebd.

der 1932 zum ersten Mal und 1936 wiedergewählt wurde, bekamen die Juden erstmals Einlass in Politik und Verwaltung und konnten hier höhere Positionen einnehmen. Von Roosevelts „New Deal", seinen Sozial- und Beschäftigungsprogrammen konnten die Juden mehr als alle andere Minoritäten profitieren.[120]

Politisches Machtbewusstsein entwickelte die jüdische Gemeinde im Zuge des Wahlsiegs John F. Kennedys von 1960, für den sich vor allem die drei großen Minderheitsgruppen Amerikas, die Katholiken, Juden und Afroamerikaner eingesetzt hatten. Unter Kennedy erlangten Juden in der Wirtschaft und Politik einflussreiche Positionen. Sie erhielten nun Einlass in Bereiche, die ihnen vorher verschlossen geblieben waren, wie zum Beispiel die Bankwirtschaft, in der sie sich bis zur Führungsspitze hocharbeiteten.[121] Auch in der amerikanischen Bildungselite konnten sich Juden nun etablieren.

Gegen Ende der sechziger Jahre betrug die jüdische Bevölkerung etwa sechs Millionen, eine Zahl die sich bis heute nicht wesentlich verändert hat. Die Mehrheit der amerikanischen Juden ist heutzutage vollständig integriert und kulturell assimiliert. Das zeigt sich an dem hohen Anteil interkonfessioneller Eheschließungen – etwa 51 Prozent der amerikanischen Juden wählen einen nichtjüdischen Ehepartner.[122] Es zeigt sich auch an der sinkenden Teilnahme an jüdischen Gottesdiensten und Mitarbeit in jüdischen Synagogen und der sinkenden Anzahl von jüdischen Amerikanern, die des Hebräischen mächtig sind.[123] Damit wird es in Amerika zunehmend schwieriger, die jüdische Identität zu definieren.

Die Thematik jüdischer Einwanderung und Integration liegt vielen jüdischamerikanischen Dramen der ersten Dekaden des 20. Jahrhunderts zugrunde. Besonders Elmer Rice und Clifford Odets haben in ihren Dramen das Spannungsverhältnis zwischen Aufstiegsstreben und Verlust von traditionellen Werten und persönlicher Integrität, in dem sich viele jüdische Einwanderer befanden, gezeigt. So zeigt Rice in *Counsellor-at-Law* (1931) einen jüdischen Anwalt, der das unmoralische Verhalten im kapitalistisch geprägten Konkurrenzkampf um Macht und Anerkennung nur schwer mit den Werten seiner religiösen Erziehung vereinbaren kann.[124] Clifford Odets konzentriert sich in seinen Familiendramen *Awake and Sing!* und *Paradise Lost* auf die Gefahr des Verlusts der persönlichen Würde durch unreflektiertes Streben nach Erfolg und gesellschaftlichem Aufstieg. Andere Autoren, die Werke zu der Integrationsproblematik jüdischer Einwanderer beisteuerten, sind Howard Lawson mit *Success Story* (1932), Charles MacArthur mit *The Front*

---

[120] Vgl. ebd.
[121] Vgl. ebd.
[122] Vgl. ebd.
[123] Vgl. ebd.
[124] Vgl. Schiff, Ellen. „The Greening of American-Jewish Drama.", 92.

Page (1928), Michael Gold mit *Money* (1929) und Irwin Shaw mit *The Gentle People* (1939).[125] Die jüdisch-amerikanischen Dramen aus dieser Epoche zeichnen sich durch eine Sozialkritik aus, in der auf die Schattenseiten des „American Dream" hingewiesen wird.

1.4.2 Zur Verarbeitung des Holocausts im jüdisch-amerikanischen Drama

Der als Holocaust oder auch als Schoah[126] bezeichnete Massenmord am jüdischen Volk in der ersten Hälfte des 20. Jahrhunderts stellt mit Sicherheit die einschneidendste Erfahrung an Antisemitismus für Juden in aller Welt dar. Mit sechs Millionen Menschen fielen etwa zwei Drittel der jüdischen Bevölkerung Europas dem Massengenozid der Nazis bis 1945 zum Opfer. Nicht nur für Augenzeugen des historisch einmaligen Ereignisses, auch für die folgenden Generationen ist der Holocaust von zentraler Bedeutung für die jüdische Identität. Gerade in den USA, wo die Mehrheit der Juden sehr assimiliert und unorthodox lebt, bildet der Holocaust ein gemeinsames kulturelles Erbe.

Viele der modernen amerikanischen Dramen setzen sich mit dem Thema Holocaust auseinander. Bereits in den dreißiger und vierziger Jahren gab es nicht wenige jüdische Dramenautoren, die in ihren Werken auf die wachsende Bedrohung der Juden in Europa durch die stärker werdenden Nationalsozialisten aufmerksam machten, wie unter anderem Elmer Rice mit *Judgement Day* (1934), *American Landscape* (1938) und *Flight To The West* (1941), S. N. Behrman mit *Rain From Heaven* (1934), Lillian Hellman mit *Watch On The Rhine* (1941) und Ben Hecht mit *We Will Never Die* (1943).[127] Das Kriegsdrama *Home of The Brave* (1945) von Arthur Laurent beschreibt die Erfahrungen eines Juden an der amerikanischen Front im Zweiten Weltkrieg.[128]

Bei den antifaschistischen Dramen der dreißiger und vierziger Jahre hat Edward Isser einige auffällige Gemeinsamkeiten herausgearbeitet, mit denen die Ereignisse in Europa dem amerikanischen Publikum emotional näher gebracht wurden.[129] Dazu gehört die Darstellung einer romantischen Verbindung zwischen einem von den Nazis bedrohten Protagonisten zu einer amerikanischen Frau, wie zum Beispiel in *Watch on the Rhine* oder *Flight to the West*.[130] Die weibliche Figur symbolisiert als weiße Protestantin das moralische Amerika. Durch ihre Liebe und

---

[125] Vgl. ebd., 94.
[126] (Hebr.: „Untergang", „Vernichtung") Religiöse Juden lehnen den Ausdruck Holocaust („Brandopfer") ab, da er im Alten Testament eine heilige Handlung bezeichnet.
[127] Vgl. Siebald, Manfred, 104.
[128] Vgl. Schiff, Ellen. „Hard to be a Jew? Questions of Identity in American-Jewish Drama.", 26.
[129] Vgl. Isser, Edward. „The Antedecents of American Holocaust Drama and the Transformation of Werfel's *Jacobowsky and the Colonel*." *Modern Drama* 4 (1991): 513-522, 514.
[130] Vgl. ebd.

Opferbereitschaft für den antifaschistischen Kämpfer wird dem Publikum gegenüber der Kampf gegen den Faschismus moralisch gerechtfertigt.[131] Ein weiteres Darstellungsmittel, dessen sich Dramen wie *It Can't Happen Here* (1936) von Sinclair Lewis und *The American Way* (1939) von Moss Hart bedienen, ist die unmittelbare Bedrohung Amerikas durch den Nazismus. Der Protagonist opfert sich hier im Kampf gegen die Übernahme Amerikas durch die Nazis, um sein Land heldenhaft zu retten.[132] Dazu kommt, dass die meisten der Autoren melodramatische Modi in ihre Dramen einfügen, wie glückliche, hoffnungsvolle Ausgänge und moralische, heldenhafte Taten, die wieder Ordnung in das Chaos bringen.[133]

In der ersten Zeit nach dem Ende des Zweiten Weltkriegs gab es zunächst nur wenige Werke, welche den Holocaust thematisierten, das herausragendste von ihnen ist *The Diary of Anne Frank* (1956), eine Adaption des authentischen Kriegstagebuches der Anne Frank, von Frances Goodrich und Albert Hackett. Es wurde unter anderem mit dem Pulitzer Preis ausgezeichnet.[134] Wie im Tagebuch werden auch im Drama die grausamen Erlebnisse der Familie in den Konzentrationslagern von Auschwitz und Bergen-Belsen ausgelassen.[135] Das Drama fällt durch seine besonders milde Darstellung des Holocausts auf, die das Thema Tod völlig ausklammert und die Figuren unter relativ geringem Leidensdruck zeigt.[136]

Die Situation änderte sich in den sechziger Jahren bemerkbar. Ein Auslöser für eine große Welle von amerikanischen Holocaustdramen war sicherlich der Eichmannprozess von 1963 in Jerusalem. Eichmann war der erste Nazi, der ausdrücklich für seine Vergehen am Judentum, nicht – wie etwa in den Nürnberger Prozessen - an der Menschheit allgemein, verurteilt wurde.[137] Außerdem wurde Elie Wiesels *Night* (1960) ins Englische übersetzt, Bruno Bettelheim veröffentlichte *The Informed Heart* (1960), Primo Levi *Survival in Auschwitz* (1961) und Hannah Arendt *Eichmann in Jerusalem* (1963-64).[138] Diese Publikationen regten zur Diskussion über den Holocaust in den USA an. Zur gleichen Zeit wurde die Bürgerrechtsbewegung der Schwarzen in Amerika stark. Die Proteste der schwarzen Minderheit gegen rassistische Diskriminierung und Unterdrückung stärkten

---

[131] Vgl. ebd.
[132] Vgl. ebd.
[133] Vgl. ebd.
[134] Vgl. Whitfield, Stephen. *In Search Of American Jewish Culture*. Hanover; London: Brandeis University Press, 1999, 180.
[135] Vgl. Langer, Lawrence. „The Americanization of the Holocaust on Stage and Screen." In: Blacher Cohen, Sarah (Hg.). *From Hester Street to Hollywood*. The Jewish-American Stage and Screen. Bloomington: Indiana University Press, 1983, 213-230, 214.
[136] Vgl. Langer, Lawrence, 214.
[137] Isser, Edward. *"The Probable, the Possible, and the Ineffable*: Anglo-American Holocaust Drama." [Masch.-schr.] Diss. Stanford, 1991, 69.
[138] Vgl. ebd.

auch die jüdische Gemeinschaft und verhalfen ihr zu mehr Selbstbewusstsein und Solidarität.

In den Jahren zwischen 1960 und 1967 wurden sehr viele Holocaustdramen produziert, unter anderem *The Wall* (1960, überarbeitet 1964) von Millard Lampell, das auf dem gleichnamigen Roman von John Hersey basiert und *The Windows of Heaven* (1962, überarbeitet zu *Resort 76*, 1981) von Shimon Wincelberg. Von Arthur Miller stammen in dieser Phase die beiden Dramen *After the Fall* (1964) und *Incident at Vichy* (1964) zum Thema Holocaust. Bei den Stücken aus dieser Periode überwiegt der Informationsgedanke.[139] Die Autoren hatten die Intention, das Publikum über die Gräueltaten der Nazis aufzuklären und zur Aufarbeitung, die sich damals gerade im Anfangsstadium befand, anzuregen. In den siebziger und achtziger Jahren wurden ebenfalls viele Dramen über das Thema Holocaust produziert, hier dominierte als Ziel der Erinnerung und Katalogisierung der Ereignisse.[140] Zu Dramen dieser Zeit gehören unter anderem das Stück *Bent* (1979) von Martin Sherman, das die Verfolgung Homosexueller unter den Nazis problematisiert, Michael Christofers *The Black Angel* (1982), Emily Manns *Annulla, An Autobiography* (1977), Barbara Lebows *A Shayna Maidel* (1985) und Stacey Kleins *Song of Absence in the Fall of the Ashen Reign* (1986).[141]

Vielen der amerikanischen Holocaustdramen wirft Lawrence Langer eine „Amerikanisierung" der geschichtlichen Ereignisse vor. Danach bestehe die amerikanische Version des Holocausts in ihren bekannten Werken darauf, dass die vielen Millionen Opfer nicht umsonst starben. So soll dem Publikum, welches im Theater Zeuge der einmaligen Unmenschlichkeit des Holocausts wird, bei dem etwa elf Millionen Menschen völlig umsonst umkamen, das Gezeigte etwas erträglicher gemacht werden.[142] Vielen Werken ist der Versuch gemeinsam, Hoffnung, Gerechtigkeit und die Möglichkeit einer besseren Zukunft zu vermitteln, um so die Verzweiflung ein wenig aufzuheben.[143] Zu der von Langer erläuterten „Amerikanisierung" gehört auch die klare Einteilung der Figuren in Gut-und-Böse-Schemata. Den Holocausttätern werden so gut wie keine menschlichen Züge zugesprochen, sie werden entpersonifiziert.[144] Dadurch entsteht eine Entfremdung, die dem Publikum die Auseinandersetzung mit der Tatsache abnimmt, dass ganz normale Menschen zu Massentötungen Unschuldiger fähig sind. Oft integrieren die Autoren die historischen Fakten des sinnentleerten Massenmords in eine Rahmenhandlung, welche

---

[139] Vgl. Isser, Edward. "*The Probable, the Possible, and the Ineffable*: Anglo-American Holocaust Drama.", 70.
[140] Vgl. ebd., 71.
[141] Vgl. ebd., 181.
[142] Vgl. Langer, Lawrence, 214
[143] Vgl. ebd.
[144] Vgl. ebd., 220.

den Tod, wenn sie ihn thematisiert, als Märtyrertod für die Rettung der Leben anderer zeigt. So wird dem Publikum die grausame Wahrheit der anonymen Ermordung und des ausweglosen Schicksals der Betroffenen erspart.[145] Viele Autoren wählen einen glücklichen Ausgang ihrer Dramen und fügen dem Ende eine hoffnungsvolle Aussage hinzu. Langer kritisiert die amerikanischen Dramen und filmische Arbeiten, wie das Fernsehdrama *Holocaust* und der Kinofilm *Judgment at Nuremberg*, zur Problematisierung des Holocausts als sentimental, realitätsverschleiernd und undifferenziert.

Emily Manns *Annulla, An Autobiography* (1977) und Barbara Lebows *A Shayna Maidel* (1985) gehören zu den ersten Holocaustdramen, die eine feministische Sichtweise integrieren.[146] Während die Frau in den Holocaustdramen üblicherweise als jungfräulicher, unschuldiger und schwacher Charakter präsentiert wird[147], sind die Frauen in diesen beiden Stücken die starken Heldinnen, die schreckliche Erlebnisse überstehen. Die Holocaustüberlebende Annulla in Manns Dokumentardrama ist dabei, ein Stück zu verfassen, das auf die Notwendigkeit eines Matriarchats als einzige Möglichkeit der Überwindung von Krieg und Zerstörung hinweisen soll.[148] Auch die häufige Variante der Frau, das Objekt zu sein, für den sich ein Mann opfert und den Heldentod stirbt, wird hier umgekehrt.[149] Mordechai ist in *A Shayna Maidel* zum Beispiel nicht dazu bereit Schulden aufzunehmen, um seiner Frau die Flucht nach Amerika zu finanzieren.

Das jüdisch-amerikanische Holocaustdrama bietet eine große Auswahl an Werken, die den Holocaust auf unterschiedliche Weise problematisieren. Langers Kritik der „Amerikanisierung" ist vor dem Hintergrund zu betrachten, dass Theater und Film ursprünglich Unterhaltungsmedien sind und gerade in Amerika ihre Funktion der Unterhaltung eine sehr wichtige ist. Mit der Thematisierung des Holocausts reagierten viele Autoren auf das Interesse in der amerikanischen Gesellschaft an den Auswirkungen der Hitlerdiktatur und integrierten durchaus Elemente der politischen Aufklärung und authentischen Geschichtsdarstellung in ihre Dramen. Auf eine Inszenierung des Ausmaßes und der unmenschlichen Methoden des Genozids verzichteten die Autoren zwar, dies verringerte jedoch die Wichtigkeit ihrer Arbeiten nicht.

---

[145] Vgl. ebd.
[146] Vgl. Isser, Edward. *"The Probable, the Possible, and the Ineffable*: Anglo-American Holocaust Drama.", 181.
[147] Vgl. ebd., 192.
[148] Vgl. Grabes, Herbert, 155.
[149] Vgl. Isser, Edward. *"The Probable, the Possible, and the Ineffable*: Anglo-American Holocaust Drama.", 192.

1.4.3 Kulturelle Assimilation und die Gefahr des Identitätsverlusts

Mit den Auswirkungen jüdischer Assimilation in Amerika haben sich jüdisch-amerikanische Autoren besonders seit den sechziger und siebziger Jahren beschäftigt. Die Bürgerrechtsbewegung der sechziger Jahre und das neue Selbstbewusstsein ethnischer Minderheiten führte zu einem Multikulturalismus in Amerika, der von vielen Juden mit gemischten Gefühlen wahrgenommen wurde. Im Gegensatz zu den anderen ethnischen Minderheiten nahmen sie in der ethnischen Frage Amerikas schon immer einen Sonderstatus ein. Von der „weißen", von den so genannten WASPs (white anglo-saxon protestants) dominierten Mehrheit der Amerikaner wurden sie von Anfang an leichter integriert als andere Minderheiten, besonders im Gegensatz zur „farbigen", zu der man neben Afroamerikanern auch die Einwanderer Südamerikas zählte.[150] Die Juden hatten es auch als einzige ethnische Minderheit in Amerika schon früh geschafft, sich in der Politik und Wirtschaft zu positionieren und dort zunehmend Einfluss zu nehmen, was freilich wiederum den Nährboden für Ressentiments lieferte. Diese Integration in die „weiße" Mehrheit stand gleichzeitig im Widerspruch zur jüdischen Selbstwahrnehmung als kulturell und ethnisch abgegrenzter Minderheit gegenüber den Nichtjuden.

Das mitunter schwierige Verhältnis der jüdisch-amerikanischen Minderheit zu anderen Minderheiten, besonders zur afroamerikanischen, führte nicht selten zu politischen Auseinandersetzungen. Die Konflikte zwischen Juden und Afroamerikanern verstärkten sich noch durch das Aufkommen der islamischen „Black Muslim" - Bewegung. Zahlreiche jüdisch-amerikanische Dramen thematisieren die schwierige Beziehung der jüdischen Minderheit zu anderen Minderheiten, wie Henry Denkers *Horowitz and Mrs. Washington* (1980).[151]

Die Bewahrung der jüdischen Identität ist für die amerikanischen Juden zunehmend schwieriger geworden. Eine Abwendung der Juden von ihrer Religion und ihrem kulturellen Erbe ist in Amerika in den letzten Jahrzehnten immer stärker zu beobachten. Ein steigender Trend interkonfessioneller Ehen ist zu verzeichnen. Dazu kommt der Trend jüdischer Frauen, unverheiratet und kinderlos zu bleiben. So bleiben in Amerika heutzutage 50 Prozent der jüdischen Frauen bis zum Alter von 34 Jahren kinderlos, gegenüber 27 Prozent aller amerikanischen Frauen.[152] In einer Kultur, zu deren traditionell höchsten Werten auch die Gründung einer kinderreichen Familie gehört, lässt diese demografische Beobachtung auf eine starke Säkularisierung schließen.

---

[150] Vgl. Biale, David, Michael Galchinsky und Susannah Heschel (Hg.). *Insider/ Outsider*. American Jews and Multiculturalism. Berkeley; Los Angeles; London: University of California Press, 1998, 2.
[151] Vgl. Siebald, Manfred, 115.
[152] Vgl. Sattar, Majid, 8.

Die amerikanischen Juden müssen sich seit einigen Jahren die Frage stellen, was es bedeutet, Jude und Amerikaner zu sein, ob und wie sie sich von nichtjüdischen Amerikanern unterscheiden. Durch ihre Eingliederung in den amerikanischen „melting pot" sind Lebensentwürfe entstanden, die man nicht mehr eindeutig einer jüdischen Identität zuordnen kann. Dennoch fühlen sich die meisten der säkularisierten, assimilierten jüdischen Amerikaner dem Judentum zugehörig und betrachten diese Abstammung als eine kulturelle Zugehörigkeit.

Diese Frage ist auch das zentrale Anliegen vieler jüdisch-amerikanischer Dramen seit den sechziger Jahren. Um die Auswirkungen der kulturellen Assimilation auf die jüdische Gemeinde in Amerika darzustellen, verlegen viele Autoren die Handlung ihrer Dramen in einen institutionalisierten Rahmen, wie zum Beispiel die Universität oder die Armee.[153] Dadurch lässt sich die gegenseitige Wahrnehmung unterschiedlicher ethnischer Gruppen besser veranschaulichen, denn, so Schiff: *both institutional settings homogenize individuals and thus put image and self-image squarely on the line.*[154] So thematisiert Richard Greenberg in seinem Drama *Under Water* (1984) das Aufeinandertreffen von Juden und Protestanten in einem traditionell protestantischen Universitätsmilieu.[155] David S. Lifson und Martin Kalmanoff zeigen in *The Flatbush Football Golem* (1979) den Einfluss der amerikanischen Kultur auf eine orthodoxe, jüdische Universität.[156] Wendy Wasserstein problematisiert in ihrem frühen Werk *Uncommon Women and Others* (1977) die Schwierigkeiten einer jungen jüdischen Studentin, sich unter nichtjüdischen Kommilitoninnen zurechtzufinden. Auch nach der Studentenzeit findet die jüdische Protagonistin Holly Kaplan keinen rechten Halt in ihrem Leben und scheint im „melting pot" orientierungsloser als die anderen zu sein. Zu jüdisch-amerikanischen Dramen im militärischen Milieu gehören *Defender of the Faith* von Larry Arrick, *Biloxi Blues* von Neil Simon und *The Caine Mutiny Court-Marital* (1954) von Herman Wouk. Sie untersuchen die jüdische Position zur Teilnahme am amerikanischen Militärdienst, vor allem als Soldaten im Zweiten Weltkrieg.[157]

Auch an familiären Veränderungen im Zuge der kulturellen Assimilation lassen sich Konflikte des Einzelnen mit seiner jüdischen Identität veranschaulichen. Paddy Chayefsky problematisiert in *Middle of the Night* (1965) das Thema der interkonfessionellen Ehe.[158] David Mamet zeigt in *The Old Neighborhood* kulturelle Konflikte, die in Ehen zwischen Juden und Nichtjuden entstehen können, sowohl aus der elterlichen Perspektive als auch aus der Sicht der Kinder. Wendy Wasser-

---

[153] Vgl. Schiff, Ellen, „The Greening of American-Jewish Drama", 112
[154] Vgl. ebd.
[155] Vgl. ebd., 113.
[156] Vgl. ebd.
[157] Vgl. ebd., 114.
[158] Vgl. ebd., 100.

steins jüdische Charaktere in *Isn't It Romantic?* schließlich haben ganz unterschiedliche Einstellungen zu ihrer jüdischen Identität, die von einer sehr traditionellen bis zu einer sehr säkularisierten Haltung reichen.

1.4.4 Zur Darstellung der Familie im jüdisch-amerikanischen Drama und zur besonderen Rolle der jüdischen Mutter
Die Familie nimmt in der jüdischen Religion und Kultur traditionell eine zentrale Bedeutung ein. Bereits in der Thora wird dem Mann nahegelegt, eine Frau zu finden und mit ihr Nachfolger zu zeugen. Diese Bedeutung spiegelt sich auch im jüdisch-amerikanischen Drama wieder, zu dessen zentralen Themen die Darstellung des jüdischen Familienlebens gehört.[159]

Bei der Darstellung jüdischer Einwandererfamilien in den USA nimmt die Thematisierung des Generationenkonflikts einen großen Raum ein. Er verstärkt sich gerade bei jüdischen Familien durch die Tatsache, dass die zweite, in Amerika geborene Generation, die Herkunft der Eltern mit ihrer Sprache und ihren Gebräuchen oft radikal ablehnt.[160] Prägnant in der Darstellung jüdischer Einwandererfamilien ist auch das Streben nach gesellschaftlichem Aufstieg. Der Versuch der Eltern, ihren Kindern durch eine höhere Bildung Zugang zu höheren Gesellschaftsschichten zu verschaffen, ist bei dieser Minderheit noch stärker als bei anderen zu beobachten. Tatsächlich taten jüdische Eltern alles, um ihren Kindern eine akademische Ausbildung zu ermöglichen. So betrug 1922 beispielsweise der Anteil jüdischer Studenten am New Yorker City College 80 Prozent, an der Columbia University 40 Prozent und an der Harvard-Universität 21 Prozent.[161] In New York konnte man den Aufstieg am Umzug vom jüdischen Ghetto der „Lower East Side" in die schickere „Upper East Side" von Manhattan oder nach Brooklyn festmachen.

Ein eindrucksvolles Beispiel für den kulturellen Generationenkonflikt in jüdischen Familien ist das bereits erwähnte Stück *Riverside Drive* (1928) von Leon Kobrin, in dem sich die englisch erzogenen Enkel nicht mehr mit ihren jiddischsprechenden Großeltern verständigen können. Die jüdisch-amerikanischen Familiendramen seit den siebziger Jahren problematisieren oft die Veränderungen in der jüdischen Familienstruktur, welche die Integration und Assimilation in Amerika mit sich gebracht haben. Zu diesen Dramen gehört unter anderem *Table Settings* (1979) von Allan Knee, *Sunday Childhood Journeys to Nobody at Home* (1984)

---
[159] Vgl. Schiff. „The Greening of American-Jewish Drama.", 108.
[160] Vgl. Grözinger, Elvira, „*The Jewish Mother* in der amerikanischen Literatur nach 1945." In: Grözinger, Karl E. *Jüdische Kultur. Studien zur Geistesgeschichte, Religion und Literatur. Band 3:* Neumeier, Beate (Hg.) *Jüdische Literatur und Kultur in Großbritannien und den USA nach 1945.* Wiesbaden: Harrassowitz Verlag, 1998, 149.
[161] Vgl. Sattar, Majid, 8.

von Arthur Sainer, *Isn't It Romantic?* (1983) von Wendy Wasserstein und *Brink of Devotion* (1985) von Sybil Rosen.[162]

Um die jüdische Mutter rankt sich ein Mythos, der von jüdischen Schriftstellern immer wieder aufgegriffen wird. Die jüdische Mutter ist diesem Mythos nach eine besonders fürsorgliche und liebevolle Frau, die sich selbstlos dem Wohl ihrer Kinder widmet. Sie ist gleichzeitig sehr stark und mutig, unterstützt ihren Ehemann tatkräftig und gibt der gesamten Familie emotionalen Halt.[163] Zur Etablierung des Mythos, der die jüdische Mutter idealisiert, haben neben ihrer Beschreibung im Alten Testament vor allem jiddische Volkslieder beigetragen, eines der bekanntesten unter ihnen heißt *Die jiddische Mame*.[164] Nicht zuletzt nimmt die Frau in der jüdischen Kultur eine besondere Rolle ein, da nach der Halacha, dem jüdischem Religionsgesetz, die Identität der Mutter entscheidet, ob ihre Nachkommen jüdisch sind oder nicht.

In der modernen amerikanischen Literatur nach 1945, besonders in den sechziger und siebziger Jahren, zeigten zahlreiche jüdische Schriftsteller die Kehrseite dieses Mythos der idealisierten, jüdischen Mutter. Es war in Amerika allgemein die Zeit der jugendlichen Rebellion gegen das gesellschaftliche „Establishment", zu dem neben der kriegsführenden Regierung auch die bürgerliche Mittelschicht mit ihren althergebrachten Erziehungsmethoden gezählt wurde. Eine neue Generation amerikanischer Schriftsteller, die als „Beatniks" und „Hippies" bekannt wurden, empfand das Bürgertum als spießig und doppelmoralisch.[165] Wie ihre nichtjüdischen Zeitgenossen rebellierten auch die jüdischen Schriftsteller gegen ihre traditionelle Erziehung. Dazu gehörte unter anderem auch, dass sie sich von religiösen Bräuchen entfernten oder sich ganz vom jüdischen Glauben abwandten.

Diese Rebellion beinhaltete die neue Negativdarstellung der jüdischen Mutter.[166] Elvira Grözinger hat einen Katalog an stereotypen Negativeigenschaften zusammengestellt, die auffallend oft in der modernen, jüdisch-amerikanischen Literatur vorkommen. Die ehemals als positiv empfundene Fürsorge und Mutterliebe wird hier zur erdrückenden Kontrolle, dem Kind wird keine Privatsphäre gelassen.[167] Ihre Verköstigung wird zur Überfütterung, bei der sie die Familienmitglieder mit Anspielungen auf die frühere Armut der Juden in Europa dazu bringt, übermäßig viel zu essen. Zu den Negativeigenschaften der jüdischen Mutter gehört auch, dass sie den Sohn der Tochter vorzieht. Den Sohn versucht sie mit allen psychologischen Mitteln dazu zu bewegen, einen gesellschaftlich anerkannten und zu

---

[162] Vgl. Siebald, Manfred, 116.
[163] Vgl. Grözinger, Elvira, 143.
[164] Vgl. ebd., 141.
[165] Vgl. ebd., 143.
[166] Vgl. ebd.
[167] Vgl. ebd., 145.

Wohlstand führenden Beruf zu ergreifen. Ihre bevorzugten Berufsfelder sind Medizin, Jura und die Börse.[168] Außerdem erwartet sie von ihrem Sohn, eine Jüdin zu heiraten. Diese soll möglichst aus einem reichen, traditionell orientierten Elternhaus stammen. Für ihre Tochter wünscht sie sich einen gut verdienenden, jüdischen Ehemann. Idealerweise verschafft er der Tochter und somit den zukünftigen Enkelkindern den Aufstieg in eine höhere Gesellschaftsschicht.

Charakteristische Merkmale der Negativdarstellung jüdischer Mütter sind außerdem ihre Taktlosigkeit und ihre verbale Dominanz. Taktlos zeigt sie sich vor allem, indem sie anderen gegenüber penetrant und übertrieben ihre eigenen Kinder lobt.[169] In ihrer eigenen Familie wiederum stellt sie andere jüdische Familien und vor allem deren Kinder in einem überhöhten Glanz dar. Ihr Ziel ist dabei immer, die eigenen Kinder zu mehr und besserer Leistung anzuspornen. Die jüdische Mutter spricht auch immer mehr als die anderen Familienmitglieder. Vor allem im Vergleich zum jüdischen Vater, der auffallend oft als zurückhaltend und nachgiebig gezeigt wird, ist sie eine dominante Rednerin. Durch ihr unaufhörliches Reden versucht sie, die anderen zu beeinflussen und vor allem den Lebensgang ihrer Kinder mitzubestimmen. Sie muss immer das sprichwörtliche letzte Wort behalten.[170]

Zu den Standardwerken der jüdisch-amerikanischen Rebellion gegen ihre bürgerliche Elterngeneration gehören die Romane *Portnoy's Complaint* (1967) von Philip Roth und *Fear Of Flying* (1973) von Erica Jong.[171] Roths Protagonist Alexander Portnoy unterzieht sich in dem Roman einer Psychoanalyse, in der er die traumatischen Erfahrungen mit seiner übermächtigen Mutter aufarbeiten will. Indem er im Alter von 33 Jahren noch unverheiratet ist, will er sich an ihrer Erziehung rächen.[172] Vor allem Erica Jong erregte mit ihrem Werk Aufsehen, da es mit detaillierten Beschreibungen sexueller Erfahrungen eine Befreiung aus dem Korsett der Erwartungen von Gesellschaft und Familie an (jüdische) Frauen war, als Jungfrau in die Ehe zu gehen. Woody Allen zeigt in seinem Drama *The Floating Light Bulb* (1981) eine jüdische Mutter als Alkoholikerin.[173] Jules Feiffers Drama *Grown Ups* (1982) stellt eine jüdische Familie vor, in der seelische Verletzungen an der Tagesordnung sind. Die Mutter fällt besonders negativ auf, da sie die anderen unaufhörlich kritisiert und ihre Kinder beständig zu mehr Leistung drängen will. Um ihre Unhabhängigkeit zu erlangen, bleibt diesen keine andere Handlungsalternative, als absichtlich erfolglos zu bleiben. Ihren Eltern fügen sie damit wiederum seeli-

---

[168] Vgl. ebd., 146.
[169] Vgl. ebd., 145.
[170] Vgl. ebd., 146.
[171] Vgl. ebd., 142.
[172] Vgl. ebd., 144.
[173] Vgl. Schiff, Ellen. „The Greening of American-Jewish Drama", 101.

schen Schmerz zu, denn die müssen sich mit der Tatsache auseinandersetzen, „Versager" als Kinder zu haben.[174]

Neben dieser Negativdarstellung der jüdischen Mutter, die sich auf die eher wohlhabende, aus der gehobenen Mittelschicht stammende Mutter bezieht, wird auch die (meist osteuropäische) jüdische Mutter aus der armen Arbeiterschicht keineswegs als ihrem Mythos entsprechend liebevoll und gutmütig gezeichnet, sondern oft als überarbeitet, gefühlskalt und gleichgültig.[175] Der Alltag dieser Mütter wird als besonders hart beschrieben, die meisten müssen für den Unterhalt der Familie in einer ausbeuterischen Fabrik arbeiten und gleichzeitig die Aufgabe der Kindererziehung übernehmen. Neben Clifford Odets haben auch Autoren wie Sholom Aleichem und Isaac Leib Peretz solche Mutterfiguren in ihren Werken geschaffen.[176]

Der Mythos der starken, selbstlosen jüdischen Mutter wurde auch auf andere Weise literarisch zersetzt. In Werken, welche den Holocaust thematisieren, werden jüdische Mütter gezeigt, die an ihren brutalen Erfahrungen psychisch krank werden. In dem nichtfiktionalen Werk *Thanks to My Mother* (1991) von Schoschana Rabinovici berichten Holocaustüberlebende zum Beispiel von jüdischen Müttern, die ihre Kinder auf der Flucht zurückließen, in dem Irrglauben, ihnen dadurch eine Überlebenschance zu geben.[177] Cynthia Ozick porträtiert in ihrem Erzählband *The Shawl* (1989) eine Mutter, die im Konzentrationslager der Ermordung ihrer eigenen Tochter beiwohnen muss. Später, als Überlebende in Miami, hat sie das Erlebnis so weit verdrängt, dass sie ihrer Tochter hingebungsvolle Briefe schreibt.[178] Barbara Lebow zeigt in ihrem Drama *A Shayna Maidel* (1985) die Holocaustüberlebende Lusia Weiss, deren Kleinkind das Konzentrationslager nicht überlebt. In ihrem neuen Leben in den USA verdrängt Lusia die schrecklichen Erfahrungen, wird in Alpträumen jedoch von ihnen heimgesucht.

Die Familienkonflikte in jüdisch-amerikanischen Dramen sind meist universeller Art und lassen sich auch auf nichtjüdische Familien übertragen. Auffallend ist die zentrale Bedeutung, welche die jüdische Mutter in den Familiendarstellungen einnimmt. Ihr Verhalten ist oft der Auslöser für familiäre Auseinandersetzungen. Jüdische Mütter in Einwandererfamilien werden vorwiegend als streng und unnachgiebig gezeichnet. Die harten Lebensbedingungen, unter denen sie zu leiden haben, beeinflusst auch ihre Erziehung. Die Charakterisierungen jüdischer Mütter im Zusammenhang mit der Judenverfolgung unter Hitler sind vor allem von Mitge-

---

[174] Vgl. ebd.
[175] Vgl. Grözinger, Elvira, 55.
[176] Vgl. ebd., 154.
[177] Vgl. ebd., 152.
[178] Vgl. ebd.

fühl und Verständnis geprägt. Die Darstellungen der jüdischen Mutter in den sechziger und siebziger Jahren sind von Ironie, Sarkasmus und Kritik geprägt. Sie spielen mit dem Mythos der idealen, jüdischen Mutter, indem sie ihn übertreiben oder ins Lächerliche ziehen.

2 Hauptteil

2.1 Jüdische Kultur in Clifford Odets *Awake and Sing!*

Awake and Sing! war zunächst kein kommerzieller Erfolg und wurde nach seiner Uraufführung am „Belasco Theater" von 1935 bereits nach 15 Aufführungen wieder abgesetzt. Im September desselben Jahres eröffnete es jedoch erneut am „Belasco" und tourte von dort aus erfolgreicher in mehreren Städten. 1939 gab es in New York am „Windsor Theater" eine Wiedereröffnung und auch eine jiddische Adaption existierte. Bereits das englische Original enthält viele jiddische Sprachelemente. Der Titel des Dramas, mit dem Odets bereits 1932 unter dem Arbeitstitel *I Got The Blues* begonnen hatte, ist einem Bibelzitat nachempfunden: „Awake and sing, ye that dwell in dust: for the dew is as the dew of herbs, and the earth shall cast out the dead." (Jesajah 26:19)[179]

Obwohl Clifford Odets in keiner besonders religiösen Familie aufwuchs, war er sehr vertraut mit dem typisch jüdischen Leben der Einwanderer in Amerika. Die Nachbarschaft in Philadelphia, in der Odets die ersten sechs Jahre seines Lebens verbrachte, bestand hauptsächlich aus osteuropäischen Juden, von denen viele noch Jiddisch sprachen.[180] 1912 zog die Familie Odets nach New York, in ein jüdisches Viertel der Bronx. Cliffords Eltern sprachen zwar ausschließlich Englisch, seine Tante und sein Onkel jedoch sprachen oft Jiddisch und lasen jiddische Zeitungen. In jene Dramen, in denen Odets jüdische Charaktere porträtiert, lässt er auch den typischen Dialekt der jüdischen Einwanderer in die Bühnensprache einfließen. Dies wird besonders deutlich bei der Familie Berger in *Awake and Sing!*

Die Bergers sind eine arme jüdische Einwandererfamilie, die während der Großen Depression versuchen, in New York ihr Leben zu meistern. Drei Generationen leben aus finanziellen Nöten unter einem Dach: Jacob, der sentimentale Idealist, der Marxsche Theorien verkündet und Caruso-Platten hört, seine Tochter Bessie Berger und ihr Ehemann Myron, sowie deren bereits erwachsene Kinder Ralph und Hennie. Bessie Berger ist eine der zentralen Figuren des Stücks. Sie übernimmt laut Charakterbeschreibung des Nebentextes sowohl die Mutter- als

---

[179] Vgl. Blacher Cohen, Sarah. „Yiddish Origins and Jewish-American Transformations.", 6.
[180] Shuman. R. Baird, 85.

auch die Vaterrolle, denn Myron hat sich in seine eigene, kleine Traumwelt zurückgezogen. Die Realität ist ihm zu hart und unerträglich. Bessie sorgt mit ihrer resoluten, pragmatischen Art dafür, dass die Familie finanziell überlebt und zusammenhält. Sohn Ralph, der in der Textilfirma des reichen Onkels Morty einer mühsamen, deprimierenden Fabrikarbeit nachgeht um den Familienunterhalt zu unterstützen, träumt von besseren Zeiten und bewundert seinen Großvater Jacob. Hennie verkörpert eine Variante der stereotypen Frauenfigur der verwöhnten „Jewish American Princess", die sich nichts vorschreiben lassen und ihr Leben ohne Rücksicht auf andere genießen will. Moe Axelrod, ein Freund der Familie, der die gesamte Zeit über das Ziel hat, Hennie für sich wiederzugewinnen, wird als zynischer Kriegsüberlebender charakterisiert. Morty, der reiche Bruder von Bessie, stellt den typischen Gewinnertypen dar. Seinen grenzenlosen Egoismus, der sich unter anderem daran zeigt, wie er seinen eigenen Neffen als Fabrikarbeiter mit einem Hungerlohn abspeist, scheint er selbst gar nicht zu bemerken.

Der erste Akt beginnt beim familiären Abendessen der Bergers in ihrem Apartment in der New Yorker Bronx. Bessie versucht ihre Tochter von einer Hochzeit mit dem Einwanderer Sam Feinschreiber zu überzeugen. Diese wehrt sich jedoch entschieden dagegen. Die Eltern brechen mit Hennie auf um sich eine Vaudeville Show anzusehen. Hennie hatte Geld für ein neues Kleid gespart, doch das Kleid, sagt sie, brauche sie nicht mehr und möchte stattdessen die Eltern einladen. Sobald Hennie und die Eltern aus dem Haus sind, erzählt Ralph seinem Großvater enthusiastisch von seiner Freundin Blanche. Da sie eine arme Waise sei, habe er jedoch Angst davor, sie der Mutter vorzustellen. Ralph geht, um seine Freundin heimlich zu treffen.

Moe Axelrod, ein Bekannter der Familie, kommt vorbei und ist enttäuscht darüber, Hennie nicht anzutreffen, in die er insgeheim verliebt ist. Die Bergers kommen jedoch unerwartet früh zurück, da Hennie sich krank fühlte. Zu Hause angekommen, erfährt die Familie, dass Hennie schwanger ist.

> BESSIE: Tell me what happened. . . .
> HENNIE: Brooklyn Bridge fell down.
> BESSIE *(approaching)*: I'm asking a question. . . .
> MYRON: What's happened, Momma?
> BESSIE: Listen to me!
> HENNIE: What the hell are you talking?
> BESSIE: Poppa – take Tootsie on the roof.
> HENNIE *(holding JACOB back):* If he wants he can stay here.
> MYRON: What's wrong, Momma?
> BESSIE *(her voice quivering slightly)*: Myron, your fine Beauty's in trouble. Our society lady. . .

MYRON: Trouble? I don't under - is it-?
BESSIE: Look in her face. (He looks, understands and slowly sits in a chair, utterly crushed.) Who's the man?
HENNIE: The Prince Of Wales.[181]

An diesem Dialogausschnitt lassen sich bereits deutlich die Positionen der einzelnen Familienmitglieder erkennen. Hennie kokettiert mit der Rolle der „Jap",[182] der verwöhnten und uneinsichtigen jüdischen Tochter und wird auch von ihrer Mutter als solche wahrgenommen. Myron beteiligt sich am Gespräch nicht direkt, sondern kommuniziert nur über seine Frau, die er „Momma" nennt. Sein Verhalten zeigt, dass er innerhalb der Familie keine Autorität besitzt und eher am Rande des Geschehens steht. Mutter Bessie ist vor allem darauf bedacht, die Fakten zu erfahren und hat für die missliche Lage ihrer Tochter auch sofort eine praktische Lösung parat. Sie plant bereits die Hochzeit ihrer Tochter mit Sam Feinschreiber. Um den Ruf ihrer Familie zu bewahren, soll ihm das Kind untergeschoben werden. Gleichzeitig stellt Bessie mit diesem Plan die finanzielle Absicherung ihrer Tochter klar vor die Moral.[183] Mehrmals betont sie, wie rechtschaffen und aufstiegsorientiert Sam sei: „In three years he put enough in the bank, a good living."[184] Jacob ist über das Vorhaben seiner Tochter empört.

JACOB: All you know, I heard, and more yet. But Ralph you don't make like you. Before you do it, I'll die first. He'll find a girl. He'll go in a fresh world with her. This is a house? Marx said it - abolish such families.[185]

Jacob vertritt die moralische, marxistisch gefärbte Position in *Awake and Sing!*. Er kritisiert das kapitalistische System Amerikas und fantasiert oft von einer Revolution. Wie diese jedoch genau aussehen soll, erläutert er nicht. Da er selbst zu alt ist um die Welt zu verändern, versucht er seinen Enkel Ralph zu mutigen Taten zu bewegen:

JACOB: Boychick, wake up! Be something! Make your life something good. For the love of an old man who sees in your young days his new life, for such love take the world in your two hands and make it like new. Go out and fight so life shouldn't be printed on dollar bills. A woman waits.[186]

---

[181] Odets, Clifford. "Awake and Sing!" In: *Six Plays of Clifford Odets*. New York: Grove Press, Inc., 1979, 33- 101, 53-55.
[182] Akronym für "Jewish American Princess".
[183] Bigsby, C. W. E. *A critical introduction to twentieth-century American drama* Vol. 1: 1900 -1940. Cambridge: University Press, 1982, 171.
[184] Odets, Clifford, 55.
[185] Odets, Clifford, 55.

Ralph wird in diesem ersten Akt einerseits als sehr unzufrieden und desillusioniert über sein Leben dargestellt. Obwohl er Tag für Tag harter, körperlicher Arbeit nachgeht, kann er sich zum Beispiel nicht einmal die langersehnten Tanzschuhe leisten. Andererseits zeigt er sich Jacob gegenüber voller Lebensfreude und Glück über seine Freundin: „Boy, I'm telling you I could sing!"[187]

Die erste Szene des zweiten Aktes setzt ein Jahr später ein. Bessies reicher Bruder Morty ist bei den Bergers zu Besuch. Jacob, der gelernter Friseur ist, schneidet ihm im Wohnzimmer die Haare, während Bessie das Abendessen vorbereitet. Hennie ist inzwischen mit Sam Feinschreiber verheiratet, der im Glauben gelassen wurde, der Vater ihres Kindes zu sein. Bei einer Unterhaltung zwischen ihr und Moe Axelrod stellt sich heraus, dass die beiden in der Vergangenheit eine sexuelle Affäre miteinander hatten. Moe versucht sie davon zu überzeugen, ihr tristes, beengtes Dasein mit dem langweiligen Ehemann aufzugeben, um mit ihm in Kuba ein neues Leben zu beginnen. Er trauert der ehemaligen Hennie hinterher, dem Mädchen, das nach Luxus strebte und sich von Männern aushalten ließ.

> MOE: I know you from the old days. How you like to spend it! What I mean! Lizard-skin shoes, perfume behind the ears. . . . You're in a mess, Paradise![188]

Zwischen Jacob und seinem Sohn Morty entwickelt sich eine Auseinandersetzung über die wirtschaftliche Lage Amerikas. Jacob ist der Meinung, dass die Arbeiter von den Unternehmern schamlos ausgebeutet werden. Der erfolgreiche Textilunternehmer Morty wertet dies als „sweatshop talk" und Jacob als „Boob McNutt" ab und verteidigt den amerikanischen Traum des „everybody can make it in America", der für ihn selbst in Erfüllung gegangen ist.

> MORTY: Sweatshop talk. Every Jew and Wop in the shop eats my bread and behind my back says, "a sonofabitch." I started from a poor boy who worked on an ice wagon for two dollars a week. Pop's right here-he'll tell you. I made it honest. In the whole industry nobody's got a better name."[189]

Die Verwendung des abfälligen Begriffs „Wop"[190] deutet an, dass Morty seine Arbeiter nicht besonders respektiert. Jacob kritisiert das amerikanische System, in

---

[186] Odets, Clifford, 48.
[187] Odets, Clifford, 47.
[188] Odets, Clifford, 69.
[189] Odets, Clifford, 71.
[190] Wop (aus dem italienischen „guappo" für „Gangster", „Strolch") ist eine amerikanische Bezeichnung für Italiener oder italienischstämmige Amerikaner. Vgl. www.yaelf.com/aueFAQ/mifwop.shtml

dem der Wert des Menschen allein auf seinen beruflichen Erfolg reduziert wird und er sieht eine Revolte der Arbeiter gegen dieses System kommen.

> JACOB: He dreams all night of fortunes. Why not? Don't it say in the movies he should have a personal steamship, pyjamas for fifty dollars a pair and a toilet like monument? But in the morning he wakes up and for ten dollars he can't fix the teeth. And millions more worse off in the mills of the South-starvation wages. The blood from the worker's heart. (MORTY *laughs laud and long.*) Laugh, laugh . . . tomorrow not.[191]

Morty und vor allem Bessie beenden die Diskussion, indem sie Jacobs Vision einer moralischeren Welt als Nonsens abtun und ihn damit sehr verletzen. An Ralphs Verteidigung seines Großvaters wird wieder die tiefe Zuneigung der beiden deutlich und so ist es auch Jacob, der Ralph am Ende der Szene tröstet. Dieser hat Angst um den Verlust seiner Freundin, deren Pflegeeltern sie aus einer finanziellen Notlage heraus zum arbeiten nach Cleveland schicken wollen.

In der zweiten Szene hat Sam von Hennie erfahren, dass er nicht der Vater des Kindes ist und will mit Bessie, die er „Mom" nennt, darüber sprechen. Die streitet Hennies Aussage vehement ab und überzeugt Sam davon, dass Hennie ihn angelogen habe. Um dies glaubhaft zu machen stellt sie ihre eigene Tochter als unzurechnungsfähig dar und erhält dabei Unterstützung von Myron. Ralph, der bisher ebenfalls im Glauben von Sams Vaterschaft gelassen wurde, ist schockiert über das unmoralische Verhalten seiner Familie. Besonders seinem Vater gegenüber zeigt er seine Abneigung und macht deutlich, dass er vor ihm keinen Respekt hat.

> RALPH: Take your hand away! Sit in a corner and wag your tail. Keep on boasting you went to law school for two years.
> MYRON: I want to tell you-
> RALPH: You never in your life had a thing to tell me.[192]

Mit seiner Mutter versucht Ralph vergeblich über seine Freundin zu sprechen, die er für einige Wochen in der elterlichen Wohnung einquartieren will. Bessie ist jedoch strikt dagegen und verbietet ihm sogar jeglichen Kontakt zu dem Waisenmädchen. Bevor Jacob mit dem Hund auf die Terrasse geht, zitiert er Ralph gegenüber das dem Drama titelgebende Bibelzitat, um ihm so Mut für die Zukunft zuzusprechen. Vom Hausmeister Schlosser erfährt die Familie kurz darauf, dass Jacob tödlich von der Terrasse gestürzt ist.

Der dritte und letzte Akt spielt eine Woche nach dem tödlichen Unfall des Großvaters. Bessie und Myron warten gemeinsam mit Morty und Moe Axelrod auf

---
[191] Odets, Clifford, 72.
[192] Odets, Clifford, 84.

den Versicherungsvertreter. Sie diskutieren über Jacobs Lebensversicherung von dreitausend Dollar, die er allein Ralph hinterlassen hat. Als die Familie überlegt, wie sie Ralph davon überzeugen kann, das Geld zu teilen, tritt dieser ein und erfährt von seinem Erbe. Er weigert sich, den Versicherungsvertreter zu empfangen, da er es als respektlos dem gerade erst gestorbenen Jacob gegenüber empfindet. Um ihn zu unterstützen behauptet Moe, unter Jacobs Bett einen Abschiedsbrief gefunden zu haben, aus dem hervorginge, dass Jacob Selbstmord begehen wollte. In diesem Fall würde die Versicherung natürlich nichts zahlen. Als der Versicherungsvertreter klingelt, ist Bessie so eingeschüchtert, dass sie beschließt, ihn nicht hereinzulassen.

Auf Bessies eindringliche Zurede, sie habe sich für die Familie aufgeopfert und verdiene einen Großteil des Geldes, reagiert Ralph unbeeindruckt. Auch der Trennungsanruf seiner Freundin Blanche lässt ihn emotional kalt. Er ist zu sehr mit dem Tod von Jacob beschäftigt und mit der persönlichen Veränderung, die er dadurch erlebt. Bei Moe bedankt er sich für dessen erfundene Geschichte über den Selbstmordbrief. Als Moe Hennie eindringlich bittet, mit ihm nach Kuba zu flüchten, um dort ein neues Leben zu beginnen und dabei Unterstützung von Ralph erhält, stimmt Hennie dem Plan schließlich zu. Die beiden brechen noch am selben Abend auf. Ralph beschließt, Jacobs Geld der Familie zu überlassen und bei ihr zu bleiben, um gemeinsam für eine bessere Zukunft zu kämpfen. Durch Jacobs Tod fühlt er sich wie neu geboren.

> RALPH: "Awake and sing," he said. Right here he stood and said it. The night he died, I saw it like a thunderbolt! I saw he was dead and I was born! I swear to God, I'm one week old! I want the whole city to hear it - fresh blood, arms. We got'em. We're glad we're living.[193]

Durch eine authentische Sprache, die das jüdisch-amerikanische Großstadtmilieu in den dreißiger Jahren widerspiegelt und sehr detaillierte Charakterisierungen der einzelnen Figuren entsteht die authentische Atmosphäre des Stückes. Der Einfluss des amerikanischen Englisch auf das Jiddische der Einwanderer war groß und so entwickelten sich zwei Dialekte des umgangssprachlichen Jiddisch-Englisch, auch „potato-chicken-kitchen language" genannt.[194] Bei dem einen wurde die deutsche Grammatik und Lexik beibehalten und mit englischem Vokabular ergänzt. Der zweite basierte auf dem amerikanischen Englisch und bediente sich Entlehnungen aus der jiddischen Grammatik, Lexik und typisch jiddischen Begriffen und Floskeln. Diese Variante, welche Haslam als „Yiddish-English" bezeich-

---

[193] Odets, Clifford, 100-101.
[194] Vgl. Haslam, Gerald W., 161.

net, wird auch von den Charakteren in *Awake and Sing!* benutzt.[195] An Odets Wahl des auch für nichtjüdische Amerikaner gut verständlichen Jiddisch-Englisch ist zu erkennen, dass er mit *Awake And Sing!* nicht nur das jüdische, sondern das gesamte amerikanische Publikum erreichen wollte. Gleichzeitig konnte er durch die Verwendung zahlreicher jiddischer Sprachelemente in seinen Dialogen die Bühnensprache deutlich vom Standard American English unterscheiden.[196]

Odets verwendet grammatikalische und lexikalische Aberrationen, um ein glaubhaftes Jiddisch-Englisch auf der Bühne zu erhalten.[197] Es handelt sich hierbei um die falsche Verwendung von Präpositionen und Verben, eine abweichende Satzordnung und die Verwendung jiddischer Lehnwörter.[198] Beispiele für falsche Präpositionen sind die Übersetzungen jiddischer Präpositionen in die ihnen am ähnlichsten klingenden englischen. So wird *froon* („from", „of") zu *from* („The lowest from the low"), *bei* („beside", „at", „by", „among", „with") zu *by* („you were sleeping by a girl") und *an* („on", „at") zu *on* ("Look on me and learn what to do, boychick").[199] Auslassungen von Präpositionen kommen im Stück ebenfalls recht häufig vor, wie die Auslassung von *of* in: „...drank instead a glass tea" und „Ralphie bring up two bottles seltzer from Weiss."[200]

Eine abweichende Satzordnung in den Dialogen erreicht Odets unter anderem, indem er die Figuren Demonstrationsadjektive wie *here* oder *like this* an die falsche Stelle setzen lässt, wie in „Bring her sometimes here" oder „He put like this the cover over his face." Außerdem werden eigentlich unabhängige Sätze ohne Satzzeichen miteinander verknüpft, wie zum Beispiel in „What the hell kind of house is this it aint got an orange?" oder es werden präpositionale Objekte, die an das Satzende gehören, weggelassen, wie in „Hennie went with, huh?". Verben werden von den Figuren oft falsch übersetzt, wie in dem Beispiel „I can't see the numbers. Make it, Moe, make it" oder es werden Hilfsverben fälschlicherweise weggelassen beziehungsweise hinzugefügt, wie die Beispiele "Wait, when you'll get married you'll know" und „I got time" zeigen.[201]

Mit jiddischen Entlehnungen geht Odets eher vorsichtig um und verwendet nicht übermäßig viele.[202] Beispiele für jiddische Lehnwörter sind *kibitz* („sich einmischen") und *shtup* („jmd. etwas zustecken"). Jacob benutzt die jiddische Koseform *chick* wenn er seinen Enkel *boychick* nennt. Auch durch die Erwähnung ty-

---

[195] Vgl. ebd., 162.
[196] Vgl. ebd., 161.
[197] Vgl. ebd., 162.
[198] Vgl. ebd., 161.
[199] Vgl. ebd., 162.
[200] Vgl. ebd.
[201] Vgl. ebd., 162-163.
[202] Vgl. ebd., 163.

pisch jüdischer Speisen wird die jüdische Kultur in *Awake and Sing!* artikuliert. Moe bringt Jacob *havalah*, eine jüdische Süßigkeit, mit und erwähnt Hennie gegenüber die Speise *knish*, eine mit Käse oder Fleisch gefüllte Teigtasche. Myron lädt seinen Schwager Morty auf einen *schnapps* ein. Um ihrem Ärger Ausdruck zu verleihen, verwenden die Figuren hin und wieder jiddische Ausdrücke, wie *kishkas* („Innereien") in „We'll give them strikes - in the kishkas we'll give them" oder *mish-mosh* („Verabredung") in „you made enough mish-mosh with her". Die zu Odets Zeiten noch jiddische Formulierung „I should live so long" hat sich im Laufe der Jahrzehnte im amerikanischen Englisch etabliert, genauso wie der abfällige Ausdruck *mocky*, mit dem Hennie sich auf Sam Feinschreiber bezieht.[203] Bis in die vierziger Jahre war dies ein typisch jüdischer New Yorker Ausdruck.[204]

Jüdische Kultur zeigt sich in *Awake and Sing!* also besonders deutlich an der Sprache, die von den Figuren benutzt wird. Neben der Sprache sind auch die Charaktere typisch jüdisch gestaltet und geben dem Drama seine besondere Prägung. Mutter Bessie verkörpert die dominante, schlaue *yiddishe momme*, die auch in schwierigen Zeiten die Familie zusammenhalten kann und sich den äußeren Umständen anzupassen versteht. Sie rettet Hennies uneheliche Schwangerschaft und die mit ihr verbundene Schande geschickt, indem sie Sam Feinschreiber als unwissenden Bräutigam und vermeintlichen Vater einsetzt. Ihren Sohn Ralph versucht sie davor zu bewahren, sich ernsthaft mit einem mittellosen Waisenmädchen einzulassen und hat auch damit Erfolg. Ihr idealistischer Vater und verträumter Ehemann bilden den charakterlichen Gegensatz zu ihrer Person.[205] Jacob hat sich am wenigsten an den „American Lifestyle" gewöhnt. Er hat kommunistische Ideale, schwärmt für alte Stars wie Caruso und glaubt an eine nahende Arbeiterrevolution. Myron, der weltfremde Ehemann von Bessie, bleibt während des gesamten Dramenverlaufs eher im Hintergrund. Er mischt sich im Gegensatz zu seiner Frau nicht in die Lebensentscheidungen seiner Kinder ein. Er reagiert zum Beispiel kaum, als Hennie der Familie mitteilt, unehelich schwanger zu sein. Myron wirkt schwach und unselbständig. Er macht sich vor allem durch Teddy-Roosevelt-Zitate und Träumereien über einen möglichen Lotteriegewinn bemerkbar. Aber er unterstützt seine Frau und lobt ihre Arbeitskraft und Aufopferung für die Familie vor den anderen.

Tochter Hennie präsentiert sich, wie bereits erwähnt, als eine „Jap", auch *belle juive* genannt, ein Stereotyp der Literatur, der im Laufe der Jahrhunderte zum feststehenden Begriff geworden ist.[206] Im Drama tritt die „Jap" meist als selbstbe-

---
[203] Vgl. ebd., 164.
[204] Vgl. ebd.
[205] Vgl. Schiff, Ellen. „The Greening of American-Jewish Drama", 93.
[206] Vgl. ebd., 95.

zogene, wollüstige, junge Frau auf. Ein weiteres Beispiel der „Jap" in Dramen von Odets ist die Figur der Pearl Gordon in *Paradise Lost*. Ralph Berger hat mit seinem Vater die Sensibilität und den Hang zum Träumen gemeinsam. Mit Mutter Bessie vereint ihn sein starker Wille, für ein besseres Leben zu kämpfen. Er schwankt of stark zwischen überschwänglicher Freude und tiefster Depression. Zu Anfang des Dramas ist er von der romantischen Liebe zu Blanche beflügelt und glaubt, mit ihr einen Ausweg aus seinem tristen Dasein zu finden. Als klar wird, dass Blanche sich dem Willen ihrer Pflegeeltern beugen und nach Cleveland gehen wird, anstatt ihn zu heiraten, zeigt sich Ralphs starker Überlebenswille.

> RALPH: I'd fight the whole goddamn world with her, but not her. No guts. The hell with her. If she wantsa go – all right – I'll get along.[207]

Am Ende des Dramas ist er wieder voller Optimismus und Energie, von Jacobs Ratschlägen ähnlich beflügelt wie von der anfänglichen Liebe zu Blanche.
Mit *Awake and Sing!* dokumentiert Odets sehr authentisch die schwierige Lage von Einwandererfamilien in Amerika während der ersten Jahrzehnte des 20. Jahrhunderts. Die Situation der jüdischen Familie Berger ähnelte sicherlich der Situation von Einwandererfamilien anderer Minderheiten, wie zum Beispiel der irischen oder der italienischen. So schafft Odets ein hohes Maß an Identifikationspotenzial für ein breites Publikum. Durch die Veranschaulichung der Lebenswelt einer jüdischen Familie mit ihrer spezifischen Sprache und Kultur gelingt ihm eine allgemeingültige Aussage über die Einwanderersituation in Amerika. So gehört sein Drama in den *American mainstream realism*, denn Odets Kritik richtet sich an allgemeine Missstände in der amerikanischen Gesellschaft. Die Wahl seiner Figuren und Settings, über die er seine Botschaft an das Publikum transferiert, machen Odets Drama dennoch zu einem jüdisch-amerikanischen Drama.

2.2 Zur Verarbeitung des Holocausts im jüdisch-amerikanischen Drama am Beispiel von Arthur Millers *Incident at Vichy* und Barbara Lebows *A Shayna Maidel*

2.2.1 Arthur Miller: *Incident at Vichy*

Arthur Millers Drama *Incident at Vichy* von 1964 wurde zu einer Zeit inszeniert, als die Weltbevölkerung bereits von den Ausmaßen und Methoden der Judenverfolgung durch die Nazis weitgehend in Kenntnis gesetzt worden war. Miller selbst wohnte einigen der Frankfurter Auschwitzprozesse bei, um wie er sagte,

---

[207] Odets, Clifford, 77.

„*into the darkness*" zu sehen und selbst einmal, wie er es formulierte, hautnah einen Nazi zu erleben.[208] Mit *Incident at Vichy* und seinem anderen Holocaustdrama *After the Fall* (1964) traf er auf den ersten Blick nicht den Nerv der Zeit, denn die brisanten Themen, über die in den sechziger Jahren in den USA heftig diskutiert wurde, waren wohl eher der amerikanische Krieg gegen Vietnam oder die schwarze Bürgerrechtsbewegung.[209] Gleichzeitig lösten der Eichmannprozess von 1963 und der Sechs-Tage-Krieg von 1967 eine intensivere und selbstbewusstere Beschäftigung jüdisch-amerikanischer Autoren mit dem Holocaust aus.[210]

Miller beteiligte sich aktiv an der Anti-Kriegsbewegung der amerikanischen Studenten, indem er unter anderem Reden an Universitäten hielt und an Protestmärschen teilnahm. Seine literarische Problematisierung des Holocausts war für ihn dennoch von gesellschaftlicher Aktualität. In beiden Dramen spricht Miller das Thema der Verleugnung an und auch die Umgehensweise der Amerikaner mit ihrer Rassenproblematik und dem Vietnamkrieg sah er vor allem von Verleugnung charakterisiert.[211] Seine Dramen zeigen Figuren im Spannungsfeld zwischen gesellschaftlicher Restriktion und freiem Willen, zwischen Resignation vor dem politischen System und Durchsetzung individueller Verantwortlichkeit.[212] Einerseits sind dies die Hauptanliegen Millers gesamten literarischen Schaffens und prägen seinen moralisch gefärbten *social realism*, andererseits waren diese Themen für ihn in den Sechzigern wieder besonders aktuell, da er in der gesellschaftlichen Entwicklung die Gefahr sah, die Verantwortung zur individuellen Handlung zu verleugnen und an die politische Führung abzugeben.[213]

Incident At Vichy spielt in der französischen Stadt Vichy im Jahre 1942. Zu dieser Zeit war Vichy von den Deutschen besetzt. Der Handlungsort ist ein großer, kahler Raum, in dem Gefangene auf einer langen Bank auf ihr Verhör warten. Er wird von einem bewaffneten Polizisten bewacht. Die Verhöre finden in einem Nebenraum statt, in welchen die Gefangenen einzeln aufgerufen werden. Bei den Gefangenen handelt es sich zunächst um sechs Männer und einen Jungen. Später kommen drei weitere Gefangene hinzu. Die Gefangenen erhalten keine Auskunft darüber, weshalb sie von der Straße weg arretiert werden. Das Drama wird ohne Unterbrechung an einem Stück durchgespielt.

---

[208] Brater, Enoch. „Ethics and Ethnicity in the Plays of Arthur Miller." In: Blacher Cohen, Sarah (Hg.). *From Hester Street to Hollywood. The Jewish-American Stage and Screen*. Bloomington: Indiana University Press, 1983, 123-136, 217.
[209] Vgl. Balakian, Janet N. „The Holocaust, the Depression, and McCarthyism: Miller in the sixties". In: Bigsby, Christopher (Hg.). *The Cambridge Companion to Arthur Miller*. Cambridge: Cambridge University Press, 1997, 115-138, 115.
[210] Vgl. Siebald, Manfred, 111.
[211] Vgl. ebd.
[212] Vgl. ebd., 130.
[213] Vgl. ebd.

Lebeau, einer der Gefangenen der im Nebentext als „unkempt man of twenty-five ... charged with the energy of fear, and it makes him seem aggressive"[214] beschrieben wird, beginnt eine Konversation mit seinem Sitznachbarn Bayard, dem Nebentext zufolge „his age, poorly but clearly dressed, with a certain muscular austerity in his manner."[215] Lebeau ist sehr nervös und ängstlich über die Festnahme und äußert den Verdacht, sie habe etwas mit seiner jüdischen Identität zu tun. Um herauszufinden, ob auch die anderen Gefangenen Juden sind, versucht er den Gefangenen Marchand, dessen „good clothes and secure manners"[216] ihm auffallen, in ein Gespräch einzubinden.

> LEBEAU: You don't get any ... special flavor, huh?
> MARCHAND: What flavor?
> LEBEAU, *glancing at the others*: Well like ... some racial ... implication?
> MARCHAND: I don't see anything to fear if your papers are all right. *He turns front, concluding the conversation.*[217]

Hier wird deutlich, dass für Lebeau die jüdische Identität ein „racial issue" ist und er versucht dann auch angestrengt, am Aussehen der anderen Gefangenen zu erkennen, ob diese Juden sind. Als er Bayard nach dessen Herkunft fragt und Mutmaßungen über die Identität Marchands anstellt, reagiert dieser empört und verweigert ihm die Auskunft.

> LEBEAU: Listen, you are ... Peruvian, aren't you?
> BAYARD: What's the matter with you, asking questions like that in here? *He turns forward*
> [...]
> LEBEAU: Listen ...
> *He leans in and whispers into Bayard's ear. Bayard glances toward Marchand, then shrugs to Lebeau.*
> BAYARD: I don't know, maybe; maybe he's not.
> LEBEAU, *desperately attempting familiarity:* What about you?
> BAYARD: Will you stop asking idiotic questions? You're making yourself ridiculous.[218]

Um seine Fragen zu rechtfertigen, berichtet Lebeau entsetzt, dass die Deutschen bei ihm Nase, Ohren und Mund abmaßen, bevor er festgenommen wurde. Traurig erinnert er sich daran, dass seine Familie vor drei Jahren die Chance gehabt hatte, nach

---

[214] Miller, Arthur. *Incident at Vichy*. New York: Penguin Books, 1985, 2.
[215] Miller, Arthur, 2.
[216] Miller, Arthur, 3.
[217] Miller, Arthur, 4-5.
[218] Miller, Arthur, 5.

Amerika auszuwandern. Da seine Mutter jedoch an verschiedenen Haushaltsartikeln und Möbeln hing, weigerte sie sich Frankreich zu verlassen.

Bayard versucht, Lebeau zu beruhigen und abzuwarten. Monceau, „a bright-eyed, cheerful man of twenty-eight..., his posture rather elegant,"[219] ignoriert Lebeaus Frage, ob die Deutschen auch seine Nase gemessen hätten und ruft zur allgemeinen Ruhe auf. Doch Lebeau ist zu nervös um ruhig zu bleiben und spricht den als „Gypsy" bezeichneten Gefangenen an.

> LEBEAU: Gypsy?
> GYPSY, *drawing closer a copper pot at his feet:* Gypsy.
> LEBEAU, *to Monceau:* Gypsies never have papers. Why'd they bother him?
> MONCEAU: In this case it might be some other reason. He probably stole that pot.
> GYPSY: No. On the sidewalk. *He raises the pot from between his feet.* I fix make nice. I sit down to fix. Come Police. Pfft!
> MARCHAND: But of course they'll tell you anything.... *To Gypsy, laughing familiarly:* Right?[220]

Lebeau zeigt sich über Marchands diskriminierende Aussage empört, doch dieser erhält Unterstützung von einem weiteren Gefangenen, dem Kellner des gegenüberliegenden Cafés. Ihm ist der „Gypsy" als penetranter Bettler bekannt. Dass Lebeau selbst von dem Vorurteil eingenommen ist, alle Zigeuner würden stehlen, zeigt sich an einer späteren Stelle.

> LEBEAU: Look, I've got nothing against stealing. *Indicating the others:* I've slept in parked cars, under bridges – I mean, to me all property is theft anyway so I've got no prejudice against you.
> GYPSY: No steal.
> LEBEAU: Look ... I mean you're a gypsy, so how else can you live, right?[221]

Aus dem Nebenzimmer tritt der deutsche Major ein, der vom Kellner begrüßt wird. Stolz erzählt der Kellner den anderen, dass er dem Major allmorgendlich das Frühstück serviere. Er äußert sich positiv über den Major: „,...he's really not a bad fellow. Regular army, see, not one of these S.S. bums. Got wounded somewhere, so they stuck him back here..."[222] Der Major macht Marchand gegenüber deutlich, dass er mit dem Prozedere der Festnahmen nichts zu tun habe, sondern der französische Polizeihauptmann hierfür verantwortlich sei. Dieser tritt kurz darauf mit seinen zwei französischen Offizieren und drei neuen Gefangenen ein. Bei den Gefan-

---

[219] Miller, Arthur, 7.
[220] Miller, Arthur, 8-9.
[221] Miller, Arthur, 17.
[222] Miller, Arthur, 11.

genen handelt es sich um einen Psychoanalytiker namens Leduc, den österreichischen Fürst von Berg und einen alten Mann, der im Nebentext nur als „Old Jew" bezeichnet wird.[223] Mit dabei ist auch ein deutscher Professor in Zivil, der die Offiziere zu weiteren Streifzügen nach „Verdächtigen" aufruft.

Marchand folgt dem Professor als erster in das Verhörzimmer. Bayard weiht die anderen währenddessen in seine Entdeckung eines Frachtzugs in Vichy ein, in dem jüdische Männer, Frauen und Kinder, unter schrecklichen Bedingungen eingepfercht, in polnische Konzentrationslager abtransportiert werden. Bayard ist davon überzeugt, dass ihn und die anderen Gefangenen ein ähnliches Schicksal erwartet und rät ihnen, nach nützlichen Werkzeugen zu suchen, um die Türen der Frachtzugwaggons aufzubrechen. Monceau, der Schauspieler ist, protestiert gegen diese pessimistische Sicht. Er ist überzeugt davon, dass die Deutschen, die er nur als angenehmes Publikum kennt, niemals so viele Juden umbringen könnten. Fürst von Berg klinkt sich in das Gespräch ein und spricht zum ersten Mal die Frage aus, die bei den anderen bisher unterschwellig im Gespräch mitschwang.

>VON BERG: Excuse me ...
>*They turn to him.*
>Have you all been arrested for being Jewish?
>*They are silent, suspicious and surprised.*
>I'm terribly sorry. I had no idea.[224]

Die anderen sind etwas erleichtert, als sie erfahren, dass von Berg Katholik ist, denn so besteht die Möglichkeit, dass der Grund ihrer Gefangennahme ein anderer als ihre jüdische Identität ist. Von Berg artikuliert seine tiefste Verachtung den Nazis gegenüber, die für ihn unbeschreiblich vulgär sind und denen er die brutalsten, unzivilisiertesten Handlungen zutraut.

Marchand kehrt aus dem Verhörzimmer zurück und wird als freier Mann entlassen. Als nächsten nimmt der Professor den „Gypsy" mit zum Verhör. Die Freilassung Marchands löst bei den anderen erneut Hoffnung aus, da sie davon ausgingen, dass Marchand Jude sei. Leduc macht an dieser Stelle deutlich, dass er jüdische Identität völlig anders definiert, als zum Beispiel Lebeau.

>MONCEAU: That man did seem Jewish to me. Didn't he to you, Doctor?
>LEDUC: I have no idea. Jews are not a race, you know. They can look like anybody.[225]

---

[223] Miller, Arthur, 12.
[224] Miller, Arthur, 18.
[225] Miller, Arthur, 26.

Lebeau und Bayard klammern sich an die unrealistische Hoffnung, ihre gültigen Ausweispapiere würden sie vor der Deportation retten. Monceau als Schauspieler versucht sich und den anderen einzureden, die richtige Haltung und Attitüde während des Verhörs würde sie retten. Er vergleicht die Nazis mit einem Theaterpublikum, das nur darauf warte, einen Fehler in der Darbietung des Schauspielers zu entdecken.[226] Bayard, der als nächster verhört werden soll, klammert sich zusätzlich an die Hoffnung einer besseren Zukunft: er ist überzeugter Sozialist und glaubt daran, dass die Arbeiterklasse die seiner Meinung nach kapitalistischen Nazis in der Zukunft besiegen wird.

Ferrand, der Besitzer des gegenüberliegenden Cafés, der den Polizisten Kaffee gebracht hatte, kommt aus dem Verhörzimmer und verrät dem Kellner, dass jene Gefangenen, die sich als Juden herausstellten, die Verbrennung in polnischen Gasöfen erwarte. Um die jüdische Identität festzustellen, würden die Nazis im Verhörzimmer untersuchen, ob man beschnitten sei oder nicht. Daraufhin bricht unter den Gefangenen Unruhe und leichte Panik aus. Leduc ruft die anderen zu einem Ausbruchsversuch auf, stößt dabei jedoch nur bei dem Jungen und bei Lebeau auf Zuspruch. Von Berg fühlt sich körperlich zu schwach und Monceau weigert sich, Ferrands Geschichte zu glauben.

Bevor auch der Kellner in das Verhörzimmer gewiesen wird, treten der Major und der Professor aus dem Verhörzimmer heraus und führen eine Auseinandersetzung über die Prozedur der Verhöre. Der Major ist von der Verhörmethode angewidert und möchte den Untersuchungen nicht länger beiwohnen. Durch psychologischen Druck des Professors, ihn wegen Arbeitsverweigerung an höherer Stelle zu denunzieren, entschließt er sich resigniert, die Verhöre nach einem Spaziergang fortzuführen.

Zwischen dem Schauspieler Monceau und Leduc entwickelt sich ein Streit, da Monceau die unmittelbare Bedrohung der Gefangenen verleugnet und Leduc seine Beihilfe zu einem Fluchtversuch verweigert. Monceau hält an der Illusion fest, freigelassen zu werden, wenn er nur die „Gesetze" befolge. Leduc wirft er dagegen vor, mit seinem subversiven Verhalten zum Antisemitismus und zur Judenverfolgung beigetragen zu haben. Durch seine Kritik an der jüdischen Tradition der analytischen Auslegung des Talmuds bringt er hier auch indirekt Kritik an der Psychoanalyse Leducs an.

> LEDUC: In short, because the world is indifferent you will wait calmly and with great dignity- to open your fly.
> MONCEAU, *frightened and furious, he stands:* I'll tell you what I think; I think it's people like you who brought this on us. People who give Jews a reputation for subversion

---

[226] Vgl. Balakian, Janet N., 126.

and this Talmudic analysis, and this everlasting, niggling discontent.
LEDUC: Then I will tell you that I was wrong before; you didn't advertise your name on those forbidden books in order to find a reason to leave Paris and save yourself. It was in order to get yourself caught and be put out of your misery. Your heart is conquered territory, mister.[227]

Bei seiner Rückkehr warnt der Major die übriggebliebenen Gefangenen davor zu flüchten, da ein Ausbruch unmöglich sei. Er ist mittlerweile angetrunken und äußert Leduc gegenüber, dass die Ereignisse für ihn unfassbar seien. Leduc provoziert den Major durch seine Aufforderung, er solle sich selbst erschießen um den restlichen Gefangenen damit die Flucht zu ermöglichen. Erst dann würde er den Major als guten Menschen respektieren.

LEDUC: I will love you as long as I live. Will anyone do that now?
MAJOR: That means so much to you - that someone love you?
LEDUC: That I be worthy of someone's love, yes. And respect.
MAJOR: It's amazing; you don't understand anything. Nothing of that kind is left, don't you understand that yet?
LEDUC: It is left in me.
MAJOR, *more loudly, a fury rising in him*: There are no persons any more, don't you see that? There will never be persons again. What do I care if you love me? Are you out of your mind? What am I, a dog that I must be loved? You – *turning to all of them* – goddamn Jews![228]

Der Major reagiert aggressiv und vertritt die Meinung, dass es keinen Unterschied mache, ob er gegen die unmenschliche Vorgehensweise der Nazis rebelliere oder sich einfüge und nimmt die Verhöre wieder auf.
   Nachdem auch Lebeau und Monceau nacheinander zum Verhör aufgerufen worden und wie die anderen nicht mehr zurückgekehrt sind, verbleiben Leduc, der „alte Jude" und von Berg als letzte Gefangene im Wartesaal. Leduc bittet von Berg, seine Frau über seine Deportation zu informieren. Die ungerechte Tatsache, dass der nichtjüdische Österreicher überleben wird, macht ihn zornig. Von Berg erzählt ihm daraufhin von seinen Selbstmordgedanken angesichts der für ihn unausstehlichen politischen Lage und verspricht Leduc, seiner Familie Beistand und Hilfe zu leisten. Leduc findet es ironisch, dass er gefangengenommen wurde, als er Schmerzmittel für seine Frau besorgen wollte, die er nicht einmal mehr liebt. Für

---

[227] Miller, Arthur, 52.
[228] Miller, Arthur, 54.

einen kurzen Moment möchte er sogar, dass seine Frau nichts von seiner Gefangennahme erfährt, um sich so an ihr zu rächen.

Als der „alte Jude" abgeführt werden soll, öffnet sich das Bündel, an dem er sich krampfhaft festhielt, während er wartete. Es enthielt ausschließlich Federn, die in einem großen Wirbel aus dem Tuch fliegen und den Boden bedecken. Auf diese Weise gibt der „alte Jude" eine eindrucksvolle Demonstration seiner Identität als Verfolgter. Ständig auf der Flucht und von seiner Herkunft entwurzelt, trägt er sein Bett immer bei sich. Es ist das einzige was ihm von seiner Heimat, seiner Vergangenheit geblieben ist. In einem Interview erklärte Miller, dass er die Federn als Symbol für die fehlende Heimat des Juden und für seine Verletzlichkeit wählte.

> It's light, it's warm, it's something he might sell if he had to, it's a touch of home, x, x, x; it has all kinds of uses. And also it's the plumage of birds that are blown about. They're weak things – it does have an aspect of weakness, but also of domesticity, an uprooted domesticity. Then once they're released, you can't capture them any more. And there's a pathetic quality to that: the fact that the old guy's clutching what to our minds would be a practically valueless bag of nothing, of air. It's his identity, though. There's a lot of feed into that symbol.[229]

Heimatlosigkeit ist ein urjüdisches Thema. Die Juden waren seit ihrer Vertreibung aus dem Heiligen Land durch die Römer bis zur Gründung des Staates Israel 1948 heimatlos und mussten ihre Traditionen und ihre Kultur immer mit sich tragen, so wie der Jude seine Federn. Verfolgt, entwurzelt und heimatlos zu sein ist also ein fester Bestandteil der jüdischen Identität und Kultur. Das scheinbar weggetretene Verhalten des „alten Juden", der sich während des gesamten Dramenverlaufs an keinem Gespräch beteiligt, sondern sich immer mehr in sein Gebet vertieft und seinen Trancezustand durch ständiges Vor- und Zurückwippen verdeutlicht, erklärt Miller als seine letzte Handlungsmöglichkeit.

> He's transcended it; He's got one foot in heaven. He knows that this is the ancient persecutor, the face of hell, that comes in every generation, and this is his turn with him. And it's been happening forever, and probably will go on happening forever. And he's praying against it. With one eye or the other, he's got his eye on God, who's reaching out His hands to him. [...] It's not effective; it's the last gasp of his limited range of possibilites.[230]

---

[229] Centola, Steven R. „'The Will to Live': An Interview with Arthur Miller." *Modern Drama* 3 (1984): 345-360, 359.
[230] Vgl. ebd.

Leduc und von Berg, nach der Abführung des „alten Juden" nun unter sich, führen eine längere, für das Drama zentrale Diskussion über das Wesen des Menschen. Leduc ist der Meinung, der Mensch sei von Natur aus böse und habe einen Tötungswillen. Er solle seine Natur akzeptieren. Von Berg dagegen glaubt an Idealismus, an die Existenz moralischer Werte und Überzeugungen, für die es sich zu leben und zu sterben lohne. Leduc verlangt vom Fürsten das Eingeständnis einer persönlichen Verantwortung für die Naziverbrechen trotz seiner Verachtung den Nazis gegenüber. *Incident at Vichy* stellt hier die Frage nach der individuellen Verantwortung in einem unmenschlichen, falschen Regime. Es stellt außerdem eine neue Definition der jüdischen Identität auf. Sprachrohr ist in diesem Fall Leduc, für den der Jude symbolisch für den Anderen steht, für die von der Mehrheit unterdrückte Minderheit. Der Psychoanalytiker Leduc will den Fürst von Berg davon überzeugen, dass er tief in seinem Bewusstsein ebenfalls ein Antisemit sei. Er selbst habe in seiner gesamten Laufbahn als Psychoanalytiker niemals einen Nichtjuden behandelt, der nicht im tiefsten Innern einen Hass auf Juden gehabt habe.

> LEDUC, *standing, coming to him, a wild pity in his voice:* Until you know it is true of you you will destroy whatever truth can come of this atrocity. Part of knowing who we are is knowing we are not someone else. And Jew is only the name we give to that stranger, that agony we cannot feel, that death we look at like a cold abstraction. Each man has his Jew; it is the other. And the Jews have their Jews. And now, now above all, you must see that you have yours – the man whose death leaves you relieved that you are not him, despite your decency. And that is why there is nothing and will be nothing- until you face your own complicity with this . . . your own humanity.[231]

Von Berg wehrt sich entschieden gegen diese Auffassung und besteht darauf, nichts mit den monströsen Taten der Nazis zu tun zu haben. Er glaubt daran, dass es noch Menschen mit höheren Idealen und Moralvorstellungen gibt, die eher sterben würden, als mit den Nazis zu kollaborieren. Von Berg ist der Meinung, dass nichts übrig bleibt von einem Menschen, sobald er seine Ideale aufgibt.

Von Berg wird zur Untersuchung gerufen und kommt nach wenigen Augenblicken mit seiner Ausgangserlaubnis zurück. Er gibt diese ohne zu Zögern an Leduc weiter, der sich nun schuldig fühlt, da von Berg ihm sein Leben opfert. Er nimmt den Passierschein trotzdem an und versichert dem Fürst, das Versprechen, dass von Berg dem verhafteten Jungen gab, einzuhalten. Der Junge hatte dem Fürst den Ehering seiner Mutter anvertraut, mit der Bitte ihn ihr wieder zurückzubringen. Nach einer Pause kommt der Professor herein und erkennt die Flucht Leducs. Als

---

[231] Miller, Arthur, 66.

das Stück endet, werden wieder vier neue Gefangene in den Wartesaal gebracht. Durch die Opferung seines Lebens für das von Leduc beweist von Berg seine hohe Moral und seine Standhaftigkeit. Leduc muss nun mit der Verantwortung leben, aufgrund des Todes eines unschuldigen Anderen weiterleben zu können. Das verleiht ihm die Aufgabe, sein Leben sinnvoll zu nutzen, zum Beispiel um über die erlebten Verbrechen zu berichten und spätere Generationen aufzuklären.

Indem Miller historische Fakten mit Fiktion vermischt, erhält sein Drama ein hohes Maß an Glaubwürdigkeit und Authentizität. Tatsächlich wurden in Vichy zwischen 1942 und 1944 in ähnlicher Weise wie im Stück beschrieben, Juden gefangengenommen und nach Auschwitz deportiert. Ein jüdischer Psychoanalytiker erzählte Miller die wahre Geschichte von seiner Festnahme in Vichy und seiner Rettung durch einen Nichtjuden, der sein eigenes Leben für ihn opferte.[232] Die Figur des Leduc ist diesem Psychoanalytiker stark nachempfunden. Die Figur des Fürsten von Berg schuf Miller nach dem Vorbild eines Freundes seiner Ehefrau Inge Morath. Es handelte sich dabei um den österreichischen Adeligen Joseph von Schwarzenberg, der sich standhaft geweigert hatte, mit den Nazis zu kooperieren.[233]

Incident at Vichy veranschaulicht mit seiner Thematisierung der Judenverfolgung während des Zweiten Weltkriegs eindrucksvoll einen Teil der Geschichte, den sowohl jüdische als auch nichtjüdische amerikanische Autoren vielfach in ihren Dramen verarbeiteten. Es ist an den jüdisch-amerikanischen Holocaustdramen keine spezifisch jüdische Darstellungsweise zu erkennen und so reiht sich Miller mit seinem Holocaustdrama in den *American mainstream* ein. Er stellt in seinem Drama mit der Definition des Juden als „the other" eine säkularisierte und psychologische Definition der jüdischen Identität auf und zeigt so am Beispiel der Juden das allgemeine menschliche Phänomen der Angst vor dem Fremden und Anderen, das oft zur Unterdrückung und Verfolgung von Minderheiten führt. Damit erreicht er eine Universalaussage über die gesellschaftliche Situation von Minderheiten und schafft auch für nichtjüdische Minderheiten die Möglichkeit, sich mit den Juden im Stück zu identifizieren. Nicht zuletzt integriert er mit einem „Zigeuner" als Inhaftierten symbolisch die weiteren Minderheiten in sein Drama, die dem Holocaust zum Opfer fielen.

2.2.2 Barbara Lebow: *A Shayna Maidel*

Barbara Lebow, die in Brooklyn aufwuchs, machte als Kind persönliche Erfahrungen mit Überlebenden des Holocausts. 1946 bekam die Familie Lebow für einige Monate Besuch von Verwandten, welche den Holocaust überlebt hatten und

---

[232] Vgl. Balakian, Janet N., 125.
[233] Vgl. ebd.

nach Amerika ausgewandert waren.²³⁴ Lebow, damals gerade zehn Jahre alt, kam hier zum ersten Mal in persönlichen Kontakt mit den schrecklichen Ereignissen in Europa während des Zweiten Weltkriegs. Ihre Reaktionen auf die Begegnung mit ihren Verwandten hat sie in die Reaktionen ihrer Figur Rose auf die Ankunft der Schwester Lusia einfließen lassen.²³⁵ Bevor Barbara Lebow *A Shayna Maidel* schrieb, führte sie drei Jahre lang Interviews mit Überlebenden und war dabei immer vorrangig daran interessiert, wie deren Leben nach dem Holocaust weiterging. So fand sie die Vorbilder für ihre Figuren. *A Shayna Maidel* wurde 1985 von „Academy Theatre's First Stage New Play Series" uraufgeführt, Lebow selbst übernahm in dieser Produktion die Regie.²³⁶

Die Haupthandlung von Barbara Lebows Drama *A Shayna Maidel* spielt nach dem Zweiten Weltkrieg, im Jahr 1946. Mordechai Weiss und seine Tochter Rayzel sind 1930 von Polen nach New York geflüchtet und leben nun in Brooklyn. Rayzel war zum Zeitpunkt der Flucht nur vier Jahre alt. Aus Geldgründen mussten die Mutter und Rayzels ältere Schwester Lusia damals zurückbleiben. Rayzel Weiss hat ihren Namen in Rose White geändert, scheint vollkommen assimiliert zu sein und den „American way of life" zu leben. Sie spricht akzentfrei Englisch und lebt in ihrem eigenen kleinen Apartment. Nur wenn ihr traditioneller Vater Mordechai zu Besuch kommt, kocht sie koscheres Essen.

A Shayna Maidel beginnt mit einer Szene aus dem Jahr 1876. Gezeigt wird die Geburt Mordechais in seinem Elternhaus in Polen. Die Familie befindet sich in Angst und Schrecken vor der drohenden Ankunft von feindlichen Kosaken. Es ist ein kurzer, doch sehr einprägsamer Prolog, der auf einer fast vollkommen dunklen Bühne gespielt wird, mit einer *„dreamlike, surrealistic quality"*.²³⁷ Er deutet auf den Schmerz und das Unglück hin, das die Familie Weiss in der Zukunft erwartet.²³⁸ In der nächsten Szene ist die Handlung in das Jahr 1946 in New York verlegt. Mordechai besucht seine Tochter und berichtet ihr von der baldigen Ankunft ihrer Schwester Lusia. Seit Rose mit dem Vater nach Amerika flüchtete, haben sie nichts mehr von Lusia gehört. Durch Briefe des Roten Kreuzes und der Hebrew Immigrant Aid Society hat Mordechai nun von Lusias Überleben erfahren. Nach ihrer Gefangenschaft in einem polnischen Konzentrationslager kam sie in ein

---

[234] Vgl. Blacher Cohen, Sarah (Hg.). *Making a Scene*, 74.
[235] Vgl. ebd., 73.
[236] Vgl. ebd.
[237] Vgl. Lebow, Barbara. „A Shayna Maidel." In: Blacher Cohen, Sarah (Hg.). *Making a scene. The Contemporary Drama of Jewish-American Women.* New York: Syracuse University Press, 1997, 76-127, 77.
[238] Vgl. Mandl, Bette. „"Alive Still, In You:" Memory and Silence in *A Shayna Maidel*." In: Maufort, Marc (Hg.) *Staging difference.* Cultural Pluralism in American Theatre And Drama. New York, Washington, D.C./Baltimore, Bern, Frankfurt am Main, Berlin, Vienna, Paris: Peter Lang, 1995, 259-265, 260.

schwedisches Krankenhaus und soll in wenigen Wochen per Schiff in New York eintreffen. Sie heißt nun Lusia Weiss Pechenik, ist also offensichtlich verheiratet. Rose ist nicht sehr begeistert darüber, dass der Vater Lusia bei ihr einquartieren will, denn sie fürchtet um ihre Privatsphäre. Das Apartment ist ihrer Meinung nach zu klein für zwei Personen, außerdem hat sie keinerlei Erinnerungen mehr an ihre Schwester. Dazu kommt, dass sie gerade eine neue Arbeitsstelle begonnen hat. Mordechai verlangt von ihr, sich frei zu nehmen um sich ganz und gar um ihre Schwester zu kümmern, die wahrscheinlich kein Wort Englisch spricht und sich in New York alleine nicht zurecht finden wird. Rose fürchtet um ihre Stellung, doch Mordechai duldet keine Diskussionen, schließlich handele es sich um ihr eigen Fleisch und Blut.

Szene drei setzt zweieinhalb Wochen später ein, mit einem nächtlichen Telefonanruf bei Rose. Es ist ihre Schwester Lusia, die durch ihre Anreise per Flugzeug vier Tage früher als erwartet eingetroffen ist. Rose verspricht ihr, in wenigen Minuten am Treffpunkt zu sein. An ihrer nervösen Reaktion auf Lusias Ankunft ist deutlich zu erkennen, wie sehr sie die eigene Vergangenheit bisher verdrängt hat.

> ROSE. What am I supposed to do? *(She takes an extra blanket and throws it on the living room couch.)* Thanks, Papa! *(Rose turns on the radio, which takes a while to warm up and start playing. She is both tearful and angry, talking intermittently. She comes and goes, dressing herself, bit by bit, in quite stylish clothes, paying nervous attention to her appearance.)* Thanks a lot, Papa . . . Anything for you, Papa . . . What am I gonna do with her? . . . It's not fair! *(Almost ready to leave, Rose faces the audience, brushing her hair in an unseen downstage mirror in the bedroom. Suddenly she stops, looks at her „reflection" for several seconds, then speaks to herself very softly.)* It could've been you, Rose.[239]

In der vierten Szene sind Rose und Lusia in Roses Apartment angekommen. Lusia wird als blass und dünn beschrieben, mit abgetragener Kleidung und einem alten Koffer. Rose beklagt nervös die Enge in ihrer Wohnung. Sie versucht, ihr Unbehagen zu überspielen, indem sie pausenlos auf Lusia einredet, die nicht immer alles versteht. Rose hat ihrer Schwester ein schönes Nachthemd besorgt, lässt ihr ein Schaumbad ein und überlässt ihr das Schlafzimmer. In dieser ersten Begegnung der Schwestern wird das Schweigen über den Holocaust, welches das gesamte Drama dominiert, etabliert. Rose stellt keine Fragen über Lusias Erlebnisse im Konzentrationslager und Lusia macht keine Andeutungen, darüber sprechen zu wollen.[240]

---

[239] Lebow, Barbara, 82.
[240] Vgl. Mandl, Bette, 260.

Lusia wird kurz nach ihrer Ankunft von ihrer inneren Traum- und Erinnerungswelt eingeholt, in die sie im Verlauf des Dramas oft eintauchen wird. Ihr Ehemann Duvid erscheint ihr im Schlafzimmer und sie spricht mit ihm. Zunächst wechseln sie ein paar Worte auf Jiddisch und gehen dann dazu über akzentfreies Englisch zu sprechen. So soll angedeutet werden, dass die beiden eigentlich Jiddisch miteinander sprechen und sich die Szenen in Lusias Fantasie abspielen. Sie erzählt ihm von der ersten Begegnung mit ihrer Schwester.

> LUSIA. First I want to tell you about my sister Rayzel. She doesn't feel like my sister. She's nervous with me. A stranger.
> DUVID. Tell me why, Lushke.
> LUSIA. It's because . . . *I'm* the stranger. I've invaded her house, but what can I do?
> DUVID. Be yourself.
> LUSIA. But Rayzel is afraid of me. She tries to hide it, avoids looking at me as one avoids a cripple. Or she does the opposite, stares at me and forgets to speak, like she's looking into a deep mirror. Then I'm scared.[241]

Lusia merkt deutlich, wie unangenehm ihre Anwesenheit für Rose ist. Durch Lusia wird Rose klar, welchem Schicksal sie nur um Haaresbreite entgangen ist und ihre heile, amerikanische Welt gerät gleichzeitig ins Wanken. Rose wiederum bestärkt durch ihr verängstigtes Verhalten Lusia darin, nicht über ihre Zeit in Gefangenschaft zu sprechen.[242] Lusia schläft langsam ein und ruft im Schlaf verzweifelt nach ihrer Mutter und ihrer Tochter Sprinze. Rose wacht von Lusias Rufen auf und schaltet laute Radiomusik an. So versucht sie, Lusias Alptraum auszublenden.

In Szene sechs unterhalten sich die beiden Schwestern am Frühstückstisch. Es ist Samstagvormittag. Lusia war bereits, ohne dass Rose es merkte, am Treffpunkt des Roten Kreuzes, um die dort veröffentlichten Listen von Überlebenden zu überprüfen. Sie hofft darauf, Duvid wiederzufinden. Beim Essen sprechen die beiden Schwestern über ihre Kindheitserinnerungen. Lusia kann sich noch gut an die kleine Rayzel in Polen erinnern. Rose hingegen hat keine Erinnerungen mehr an sie oder ihre Mutter. Sie erklärt ihrer Schwester, wie sie lernte, die Vergangenheit vollkommen zu verdrängen.

> ROSE. Mama wasn't real to me. They'd never say her name, or yours. They called you "Them," talking in whispers or in certain looks so I could just pick up little bits of what was going on. And when I was older and could have understood, I knew it was forbidden. Papa wouldn't talk. Not about you, not about Mama. He would just say he was working it out or, later, that Roosevelt would take care of everyone over there. I tried to make myself

---
[241] Lebow, Barbara, 86-87.
[242] Vgl. Mandl, Bette, 261.

a family out of the photographs and letters, but they were in Yiddish and I only learned to read English. Tanta Perla used to read them to me and translate. Papa never would. Then, when there were no more letters, I began to forget completey. By the time the war came, it was as if there had been no one there at all...²⁴³

Die siebte Szene spielt sich wieder in Lusias Fantasie ab. Sie erinnert sich zurück in das Jahr 1932, als sie mit ihrer Freundin Hanna und ihrer Mutter zu Hause ist. Die Mutter hat Kuchen gebacken und Lusia gesteht Hanna, eigentlich froh darüber zu sein, dass ihr Vater und Rayzel nun in Amerika sind, denn so habe sie ihre Mutter ganz für sich allein. Sie vermisse ihren Vater nicht besonders, da er immer sehr streng war und auch die Mutter sei seit seiner Abwesenheit viel fröhlicher und ausgelassener. Die Mädchen sind etwa vierzehn Jahre alt. Hanna zieht Lusia damit auf, dass sie einmal Duvid Pechenik heiraten werde.

Szene acht spielt am Tag von Lusias ursprünglich angekündigter Ankunft. Lusia wollte ihren Vater nicht über ihr früheres Eintreffen informieren und so kommt Mordechai in Roses Wohnung, um gemeinsam mit ihr Lusia vom Treffpunkt des Roten Kreuzes abzuholen. Er zeigt Anzeichen von Nervosität als Rose ihm eröffnet, Lusia sei bereits eingetroffen. Rose hat für Lusia neue Kleider gekauft und sie nach der neuesten Mode frisiert. Auch Lusia scheint sich vor dem Wiedersehen mit ihrem Vater zu fürchten und versteckt sich im Schlafzimmer. Rose muss sie ins Wohnzimmer begleiten. Dort gehen Mordechai und Lusia langsam aufeinander zu, Mordechai vergewissert sich mehrmals, dass Lusia auch seine Tochter Lusia Weiss aus Chernov in Polen ist. Die beiden umarmen sich zaghaft.

Mordechai liest ihr aus einem Notizbuch die Namen von Verwandten aus der Heimat vor. Lusia, die ein ähnliches Notizbuch hervorgeholt hat, nennt bei fast allen das Todesjahr und bei den meisten den Namen eines Konzentrationslagers als Todesursache. Als Mordechai verstummt, liest sie den Namen ihres Mannes vor, der 1944 in Chernov gefangengenommen wurde und den Namen der gemeinsamen Tochter Sprinze, die 1943 in Auschwitz umkam. Die Handlung verlagert sich hier wieder in Lusias innere Wahrnehmung und sie spricht mit ihrer Mutter. Unsicher und verzweifelt in einem neuen Land kommt ihr Mordechai weniger wie ein Vater, sondern mehr wie ein Fremder vor. Sie möchte ihn mit einem Brief konfrontieren, den sie und die Mutter während des Krieges von Frau Greenspan erhielten. Doch die Mutter beruhigt sie und hält sie davon ab, da es den Vater nur unnötig verletzen würde.

Die neunte Szene spielt am selben Abend, in Roses Wohnung. Rose bettelt Lusia an, ihr zu erzählen, was mit der Mutter geschah, doch Lusia weigert sich. Rose weiß scheinbar nicht viel von den Geschehnissen in deutschen und polnischen

---
²⁴³ Lebow, Barbara, 91.

Konzentrationslagern, sie hat nur ein paar Bilder in Zeitungen gesehen. Lusia möchte nie wieder über diese Zeit sprechen, sie möchte, dass die Mutter als schöne junge Frau in Roses Erinnerung bleibt. Rose bemerkt die eintätowierte Nummer in Lusias Arm, doch Lusia möchte auch darüber kein Wort verlieren.

Die zehnte und letzte Szene des ersten Aktes ist wieder eine Traumszene von Lusia, die im Jahre 1939 in Chernov spielt. Sie ist mit Duvid im elterlichen Haus, die beiden stehen kurz vor ihrer Hochzeit. Lusia kann sich nicht mit der Idee anfreunden, mit Duvid und der Mutter gemeinsam in einem Haus zu leben. Duvid verspricht Lusia, für die beiden und ihre Mutter die Flucht nach Amerika zu organisieren. Lusia zweifelt jedoch an seinen Plänen. Der Ort der Handlung wechselt zu Roses Wohnung, in der Duvid versucht, Lusia zu küssen. Die wehrt sich jedoch dagegen und ruft um Hilfe nach ihrem Vater und Schwester Rayzel. Rose stürzt aus dem Badezimmer herein und Lusia beruhigt sie, sie habe sich nur an etwas erinnert.

Der zweite Akt setzt am darauffolgenden Sonntag ein. Mordechai, Lusia und Rose sind wieder gemeinsam in Roses Wohnung. Mordechai erzählt Lusia stolz von seinem beruflichen Aufstieg in Amerika. Er fing bei Greenspan als Bote an, der kein Englisch sprach und hat nun die Verantwortung für das gesamte Geschäft übernommen, da Greenspan ein alter Mann ist. Er bricht mit Lusia auf, um ihr Greenspan und dessen Frau, die so etwas wie eine Ersatzmutter für Rose war, vorzustellen. Rose, die allein in der Wohnung zurück bleibt, hört plötzlich ein Kind nach seiner Mutter rufen. Rose spricht mit dem imaginären Kind und merkt dann, als sie in den Spiegel sieht, dass sie allein ist.

In der nächsten Szene putzt Lusia Roses Wohnung, als ihr ihre Kindheitsfreundin Hanna erscheint. Glücklich sie zu sehen, zeigt sie ihr stolz all die Bequemlichkeiten und modernen Geräte der Wohnung und ähnelt in ihrem Verhalten dabei dem ihrer Schwester Rose bei der eigenen Ankunft. Dann befinden sich Lusia und Hanna wieder im polnischen Dorf, nach der russischen Befreiung. Hanna will Lusia davon überzeugen, in fremde Häuser zu gehen, um nach warmer Kleidung oder etwas Essbarem zu suchen, doch Lusia hat Hemmungen. Schließlich betreten die beiden doch ein Haus und finden etwas zu Essen und eine Kinderpuppe. Hanna träumt davon Kinder zu haben und Lusia lässt sich von ihrer Hoffnung anstecken.

In Szene drei singt Lusia ihrer Schwester ein Lied vor, das die Mutter früher oft sang. Es ruft verborgene Emotionen in Rose wach. Lusia stimmt anschließend ein jiddisches Lied aus der Zeit in den Konzentrationslagern an. Sie erzählt Rose, dass ihre Freundin Hanna nach der Befreiung an Typhus starb. Sie erzählt noch mehr aus der Vergangenheit, bis Mordechai unerwartet an die Tür pocht. Er hat einen Schuhkarton voller Fotos der Familie dabei. Er bezeichnet sie als seinen wichtigsten Besitz, da sie die Identität und Herkunft seiner Familie dokumentieren. Er möchte, dass die beiden Töchter sich die Fotos gemeinsam ansehen. Dann erzählt er den beiden, dass er vor einigen Jahren Besuch von einer wohlhabenden Dame bekam, die er noch aus der Heimat kannte. Die Dame war zwar keine Jüdin, floh aber trotzdem vor Hitler und trug drei Jahre lang ein Päckchen mit sich, das ihr von der Mutter anvertraut wurde. Sie trug es so lange ungeöffnet mit sich, bis sie Mordechai fand und es ihm überreichen konnte.

Während Mordechai von der Begegnung berichtet und langsam das Päckchen öffnet, erinnert sich Lusia an ein Gespräch mit der Mutter. Darin versuchte sie, die Mutter davon zu überzeugen, mit genau jener Dame zu flüchten, die später Mordechai besuchte. Die Mutter weigerte sich, da die Dame nur Platz für eine weitere Person hatte und sie sich so von Lusia hätte trennen müssen. Rose holt Lusia aus ihrem Tagtraum in die Realität zurück, indem sie ihr aufgeregt ihren Babylöffel zeigt, der in dem Päckchen war. Mit dabei ist auch ein Brief der Mutter an Rose. Lusia fragt den Vater ärgerlich, warum er diese Dinge seiner Tochter Rose so lange vorenthalten habe. Dann konfrontiert sie ihn mit einem Brief, den sie und die Mutter von Frau Greenspan erhielten. Frau Greenspan erklärte darin ihr Unverständnis darüber, warum Mordechai keinen Kredit von einer Gesellschaft aus Brooklyn annahm, um die beiden nach New York zu holen. Mordechai verteidigt seine Handlung. Er hätte die Depression genauso wenig voraussehen können, wie die Machtübernahme Hitlers.

An Mordechais Verhalten kommt der feministische Aspekt von *A Shayna Maidel* zum Ausdruck. Er hat mit seinem männlichen Stolz dazu beigetragen, die Rettung der Frau und Tochter Lusia zu verhindern. Von Lusia mit dem Vorwurf konfrontiert, die Chance der Rettung seiner Familie nicht genutzt zu haben, zeigt er jedoch keine Reue und sieht sein Fehlverhalten nicht ein.[244] Lusia wirft ihrem Vater außerdem vor, Rose den Brief der Mutter verschwiegen zu haben: „And now you don't want even to read to her what Mama is saying. Now you don't want even to touch something of Mama's. From shame. From shame!"[245] Mordechai beschließt daraufhin die Wohnung zu verlassen, damit Lusia den Brief in Ruhe für Rose übersetzen kann. Vorher zeigt er seinen Töchtern noch ein Bild ihrer Mutter als junges Mädchen, „a shayna maidel" wie er sagt, das er immer bei sich trägt.

In der vierten, sehr kurzen Szene kommt Lusia sehr aufgeregt in die Wohnung. Sie hat eine Frau getroffen, die Duvid scheinbar lebend gesehen hat. Erschreckt sieht sie, dass Rose sich eine Nummer in den Unterarm tätowiert hat und versucht, sie zu beruhigen. Die fünfte und letzte Szene spielt kurze Zeit später. Duvid steht tatsächlich vor der Wohnungstür. Lusia öffnet ihm, traut sich aber nicht ihn anzusehen. Schließlich nähern sich die beiden. Lusia ist überrascht darüber, wie

---

[244] Vgl. Isser, Edward. „*The Probable, the Possible, and the Ineffable*: Anglo- American Holocaust Drama.", 193.
[245] Lebow, Barbara, 121.

dünn Duvid ist. Die beiden haben sich sechs Jahre lang nicht gesehen. Vor Lusias Auge erscheinen Hanna, ihre Mutter und ihr Vater, sowie Rose, um die Zusammenkunft von ihr und Duvid zu feiern. Mordechai beginnt mit der Mutter zu tanzen. Die anderen stimmen ein und zu einer fröhlichen Musik tanzen alle eine Polonaise miteinander. Langsam verschwinden die anderen, bis Lusia und Duvid so voreinander stehen, wie am Beginn der Szene. Duvid erinnert Lusia an die gemeinsame Tochter Sprinze, die er nie kennen lernen konnte. Mordechai und Rose treffen ein und Lusia stellt ihnen ihren Mann vor. Langsam tritt Mordechai an Duvid heran, umarmt ihn erst zögernd, dann herzlich.

A Shayna Maidel zeigt die Schwierigkeiten, eine durch den Holocaust getrennte Familie wieder zusammen zu bringen. Die schrecklichen Erlebnisse, die hinter den Überlebenden Lusia und Duvid liegen, sind zwar zu erahnen, werden aber auf der Bühne nicht ausgespielt. Lusia weigert sich, über das Erlebte zu sprechen. Auch in ihren Erinnerungsszenen erfährt man nichts über die Zeit aus dem Konzentrationslager, oder die Trennung von ihrer Tochter. Es sind meist glückliche Erinnerungen aus ihrer Kindheit, mit ihrer Freundin Hanna, der Mutter und ihrem Freund Duvid. Die einzige negative Erinnerungsszene ist die, in der Lusia und Hanna in der zerstörten Heimatstadt Chernov nach etwas Essbarem suchen, aber hier hat die Befreiung von den Nazis durch die Russen bereits stattgefunden. Barbara Lebow konzentriert sich bewusst auf die Zeit nach dem Holocaust, und überlässt es der Fantasie des Publikums, sich die Zeit der Gefangenschaft vorzustellen.

In *A Shayna Maidel* wird jüdische Kultur auf viele Arten vermittelt. Zunächst ist die Sprache zu nennen. Vater Mordechai spricht gebrochenes Englisch und lässt immer wieder jiddische Worte oder Phrasen einfließen. Er ist deutlich als Jude zu erkennen und versucht dies auch nicht zu verdecken, indem er zum Beispiel seinen Namen ändert. Er ist stolz auf seine Religion und Kultur und befolgt die jüdischen Traditionen gewissenhaft. Am heiligen Sabbat geht er nicht ans Telefon, er ernährt sich strikt nach koscheren Regeln und geht regelmäßig in die Synagoge. Seine Familie und seine Herkunft sind ihm heilig. So behandelt er die Erinnerungsfotos, das Einzige was ihm von seiner Vergangenheit geblieben ist, wie ein Kleinod und bezeichnet sie als das Wertvollste, was er und seine Töchter in dieser Welt besitzen. Das Foto seiner Frau als junges Mädchen trägt er immer bei sich.

Rose verkörpert die nächste Generation jüdischer Einwanderer, die schon fast vollkommen assimiliert und amerikanisch lebt. Sie spricht perfekt Englisch und hat ihren Namen dem Englischen angepasst, nimmt es nicht sehr genau mit koscherem Essen und versteht kaum noch Jiddisch. In ihrem Lebensstil und ihrer Erscheinung entspricht sie dem amerikanischen Ideal einer unabhängigen Frau, modern und konsumorientiert. Bezeichnend ist auch, dass Rose keine Erinnerungen mehr an ihre Kindheit in Polen hat. Sie hat weder ein Bild ihrer Mutter noch eins ihrer Schwester Lusia im Gedächtnis.

Lusia steht beispielhaft für alle Juden, die unter Hitler leiden mussten. Sie wurde von ihrer Familie getrennt, musste den Tod ihrer Mutter und ihrer kleinen Tochter miterleben und war im Konzentrationslager. Die eintätowierte Nummer an ihrem Arm wird sie für immer an diese Zeit erinnern. Lusia ist davon überzeugt, dass Juden immer und überall als solche erkannt und Opfer von Hass und Verfolgung sein werden:

> LUSIA. To change the name don't make you safe, anyway.
> ROSE. *(Cheerfully brittle.)* What do you mean?
> LUSIA. Someone knows Rose White is Rayzel Weiss, no matter. A new name don't make no difference.
> ROSE. But that's not why –
> LUSIA. They come take you when they want.
> ROSE. It's just easier this way. I don't have to spell it for people.
> LUSIA. Even you would wear a cross around neck, they know who you are. Always with Jewish they find out the truth.[246]

Dass sie am Ende ihren Ehemann Duvid wiederfindet und so die Chance auf einen Neuanfang für die beiden besteht, ist natürlich ein eher unrealistisches, melodramatisches Happy End. Es unterlegt die bereits besprochene These der „Amerikanisierung" des Holocausts von Lawrence Langer, die im Wesentlichen besagt, dass amerikanische Autoren in ihren Holocaustdramen Hoffnung und Optimismus zu vermitteln versuchen und meist einen glücklichen Ausgang wählen. *Incident at Vichy* zeichnet sich zwar nicht durch ein melodramatisches Happy End aus, da am Ende wieder neue Gefangene in den Wartesaal gebracht werden. Das Drama integriert jedoch eine andere Konvention der „Amerikanisierung": die der heldenhaften Opferung, durch die Gerechtigkeit - wenn auch nur für kurze Zeit - wieder hergestellt wird. Fürst von Berg ist der Edelmann, der sein Leben für das eines Juden opfert. Er beweist so, dass nicht alle Nichtjuden gleichzeitig Antisemiten sind und bleibt sich seinen Idealen und Wertvorstellungen treu.

In beiden Stücken zeigt sich eine „Amerikanisierung" dadurch, dass die historischen Fakten des Holocausts als organisierter Massenmord nur andeutungsweise in die Handlung eingebracht werden. Bei Miller wird das Wissen über Gaskammern als unglaubliches Gerücht eingestreut. In Lebows Drama schweigen die Figuren bewusst über ihre Erlebnisse in Konzentrationslagern. Außerdem integrieren beide Dramen positive Ereignisse und hoffnungsvolle Momente in ihre Hand-

---

[246] Lebow, Barbara, 97.

lungen. In *Incident at Vichy* ist es die Selbstopferung für ein moralisches Ideal, in *A Shayna Maidel* die Wiedervereinigung einer Familie und der hoffnungsvolle Neuanfang zweier Holocaustüberlebender in Amerika.

Beide Dramen erzeugen aber auch einen tiefen Einblick in die Zeit während und nach dem Holocaust. In *Incident at Vichy* wird eindringlich die aussichtslose Lage der zum Tode geweihten Gefangenen problematisiert und der Freitod bleibt, sowohl auf der Täter- als auch auf der Opferseite, die einzige Möglichkeit, dem unmenschlichen System zu entkommen. Lebows Verwendung von Alpträumen und das häufige Ausspielen Lusias Innenlebens macht die Traumatisierung der Figuren von *A Shayna Maidel* deutlich. Vor allem Lusia, aber auch Mordechai und Rose sind traumatisiert und versuchen die Zeit des Holocausts auszublenden. Sie sprechen nicht offen miteinander über ihre Bedrückung angesichts der grausamen Erfahrungen. Dem Publikum wird durch das Schweigen der Figuren ihre seelische Verletztheit verdeutlicht. Mit dem Mittel der sprachlichen Auslassung verstärkt Lebow so die realistische Wirkung ihres Dramas.

2.3 "How Jewish can you be in America?" Assimilation und Identitätsverlust in David Mamets Trilogie *The Old Neighborhood* und Wendy Wassersteins Komödie *Isn't It Romantic?*

2.3.1 David Mamet: *The Old Neighborhood*

Zwischen 1982 und 1987 verfasste David Mamet neben den Dramen *Edmond* und *Glengarry Glen Ross* eine Sammlung kurzer dramatischer Arbeiten sowie drei minimalistische Einakter über jüdische Identität, kulturelle Verbindung und kollektives Gedächtnis: *The Disappearance of the Jews*, *The Luftmensch* und *Goldberg Street*.[247] Die drei Stücke wurden zunächst als Hörstücke für das Radio produziert und veröffentlicht. Es sind Arbeiten über amerikanische Juden, die versuchen, ihre verlorengegangene jüdische Kultur und Identität wieder zu beleben, indem sie sich mit der Vergangenheit befassen, Antisemitismus konfrontieren und versuchen, ehemalige menschliche Verbindungen wieder herzustellen.[248] Aufgrund des wachsenden Interesses an diesen Themen überarbeitete Mamet 1989 das Stück *The Disappearance of the Jews* noch einmal. Er vereinte es mit dem Drama *Jolly* und dem kurzen Einakter *Deeny* unter dem Titel *The Old Neighborhood*.[249] 1997 entstand schließlich die endgültige Fassung, die auch Grundlage dieser Analyse ist. Über die Struktur von *The Old Neighborhood* sagte Mamet selbst:

---

[247] Vgl. Kane, Leslie. *Weasels and Wisemen*. Ethics and Ethnicity in the Work of David Mamet. New York: Palgrave, 2001, 227.
[248] Vgl. ebd.
[249] Vgl. ebd.

"an unusual form. It would be too grand to call it a trilogy, but it's something trilological. Three explorations of the same theme which make the evening partake of the dramatic, I hope, and also of the epic."[250]

Das gemeinsame Thema der drei Einakter ist der Versuch der Identitätsfindung durch Erinnerung und die Rückkehr in die individuelle und kollektive Vergangenheit. Als Verbindungsglied der drei Teilstücke dient der gemeinsame Charakter Bobby Gould. Bobby Gould taucht auch in den Werken *Speed-the-Plow, Bobby Gould in Hell* und *Homicide* von David Mamet auf. In *The Old Neighborhood* besucht Bobby Gould seine Heimatstadt Chicago nach vielen Jahren der Abwesenheit wieder. In *The Disappearance of the Jews* trifft er seinen alten Jugendfreund Joey Lewis, in *Jolly* seine Schwester und in *Deeny* seine erste große Liebe.[251] Anders als Bobby, der die Stadt und damit auch die jüdische Gemeinschaft als junger Mann verließ und zudem noch eine Nichtjüdin heiratete, sind die anderen in der alten Nachbarschaft geblieben. Bobby ist, wie Leslie Kane es formuliert:

> A man on the margin – a man on the brink of divorce, an outsider to tradition, a weekend traveler visiting the old neighborhood, a stranger to himself, an acculturated Jew.[252]

Das Setting von *The Disappearance of the Jews* ist ein anonymes Hotelzimmer in Chicago. Joey und Bobby, beide zwischen dreißig und vierzig Jahre alt, sehen sich zum ersten Mal nach einer langen Zeit wieder. Ihre Unterhaltung beginnt mit der Erinnerung an ihre Jugend. Bei ihrem Versuch, gemeinsame Erlebnisse aus der Vergangenheit zu rekonstruieren, kommen jedoch schnell Missverständnisse und Uneinigkeiten auf. So können sie sich nicht mehr erinnern, ob es Howie Greenberg oder Jeff war, mit dem sie ins Wintercamp fuhren:

> BOBBY: I got to tell you something, Joey, it was not Howie Greenberg. Howie never went to Winter Camp. *(Pause)* Am I right? Jeff went to Winter Camp. Tell me I'm wrong. *(Pause)* You fuckin' asshole . . .
> JOEY: You, you, what the fuck would you know, never even get a Christmas card from you: "What happened to who." It was Jeff . . . ?
> BOBBY: Yeah. *(Pause)*
> JOEY: Isn't that funny . . . I'm not sure you're right . . . *(Pause)* Huh . . .
> BOBBY: Whatever happened to Howie?[253]

---

[250] Vgl. Holmberg, 1997a, 9, in: Kane, Leslie, 228.
[251] Vgl. Kane, Leslie, 230.
[252] Vgl. ebd.
[253] Mamet, David. „The Disappearance of the Jews". In: *The Old Neighborhood.* Three Plays: The Disappearance of the Jews – Jolly - Deeny. New York: Vintage Books, 1998, 4-5.

Dasselbe passiert gleich im Anschluss, als sie versuchen sich an zwei Mädchen zu erinnern, mit denen sie in ihrer Jugend eine sexuelle Affäre hatten. Die jeweiligen Erinnerungen von Bobby und Joey erweisen sich als zu unzuverlässig, als dass sich aus ihnen eine zusammenhängende Geschichte entwickeln könnte.[254]

Durch die Verwendung bestimmter Ausdrücke, Namen und Ortsbezeichnungen charakterisiert Mamet bereits in dieser ersten Sequenz das soziale Umfeld von Bobby und Joey deutlich als jüdisches. Die Mädchen, mit denen sie zusammen waren, hatten die jüdischen Nachnamen Rosen und Rubovitz. Joey bezeichnet sie als „some Jew broad ... some JAP"[255] und spielt so mit dem Klischee der „Jewish American Princess", der verwöhnten jüdischen Tochter aus gutem Hause, die sich sexuellen Abenteuern hingibt. Der Rogers Park, in dem sich Bobby und Joey mit ihnen trafen, gehört zum Chicagoer Viertel West Rogers Park, der Stadtteil mit der höchsten Konzentration jüdischer Bevölkerung in Chicago.[256]

Ohne dass es zu einem Ergebnis über die Frage, wie sich die Geschichte im Rogers Park nun tatsächlich ereignete kommt, wechselt Joey plötzlich das Thema und fragt Bobby, wie es dessen Ehefrau Laurie geht. Der antwortet zunächst ausweichend, stellt dann jedoch resignierend fest, dass er niemals eine Nichtjüdin, eine sogenannte *shiksa*, hätte heiraten sollen. Die beiden sind sich uneinig über die religiöse Zugehörigkeit des gemeinsamen Sohnes.

> BOBBY: Listen to this: "What are we going to tell the kids?"
> JOEY: She said that?
> BOBBY: Yes.
> JOEY: When?
> BOBBY: Right before I left ...
> JOEY: "What are you going to tell the kids ... ?"
> BOBBY: What is there to tell? The kid is a Jew.
> JOEY: *(Pause)* Well, Bob, the law says he's a Jew, his, you know what the law says, he's a Jew his mother is a Jew.
> BOBBY: Fuck the law.[257]

Bereits an diesem Dialogausschnitt zeigt sich, dass Joey die Rolle des Traditionalisten einnimmt, für ihn zählen noch die alten Werte und Rituale des Judentums. Bobby nimmt zu seiner Religion und ethnischen Zugehörigkeit eine eher entspannte, liberalisierte Haltung ein. Gleichzeitig steht für ihn außer Frage, dass sein Sohn Jude ist. Noch deutlicher wird die unterschiedliche Einstellung der beiden zu

---

[254] Nelson, J. A. „A machine out of order: Indifferentiation in David Mamet's *The Disappearance of the Jews*." *Journal of American Studies* 25.3 (1991): 461-467 , 462.
[255] Mamet, David, „The Disappearance of the Jews", 11.
[256] Vgl. www.juf.org/services_resources/sr_shalom_jcp.asp
[257] Mamet, David. "The Disappearance of the Jews", 13-14.

ihrer jüdischen Identität jedoch an folgendem Beispiel. Bobby erzählt seinem Freund von einer Unterhaltung zwischen ihm und seiner Frau, die ihn wirklich zum Nachdenken gebracht habe und ihn an seiner Ehe zu einer Nichtjüdin habe zweifeln lassen:

> BOBBY: Well, listen to this, Joe, because I want to tell you what she says to me one night: "If you've been persecuted so long, eh, you must have brought it on yourself."
> *(Pause)*
> JOEY: She said that?
> BOBBY: Yes. *(Pause)*
> JOEY: Wait a second. If we've been oppressed so long we must be doing it.
> BOBBY: *(Pause)* Yes.
> JOEY: She said that.
> BOBBY: Yes. *(Pause)*
> JOEY: And what did you say to her?
> BOBBY: I don't know . . .
> JOEY: What do you mean you don't know? What did you say to her?
> BOBBY: Nothing. *(Pause)*
> JOEY: She actually said that? *(Pause)*
> BOBBY: And *(Pause)* And I mean it got me thinking . . .[258]

An Bobbys Reaktion auf diesen doch sehr antisemitischen Vorwurf seiner Frau ist zu erkennen, wie sehr er sich von seiner jüdischen Identität entfernt hat und wie assimiliert er ist. Es ist nicht nur so, dass er auf Lauries Version der Judenverfolgung nichts zu erwidern hat, sondern er ist bereits so weit, ihr zuzustimmen.[259] Joey bringt der Vorwurf von Bobbys Ehefrau Laurie sehr in Rage und er erklärt auf seine Weise, warum Juden schon seit Jahrtausenden von anderen Völkern geächtet und verfolgt werden.

> JOEY: [. . .] I'll tell you something, you're sitting down, the reason that the goyim hate us the whole time, in addition they were envious is; we don't descend to their level . . .
> *(Pause)* because we wouldn't fight. The reason we were persecuted because we said, hey, all right, leave me alone, those Nordic types, all right, these football players, these cocksuckers in a fuckin', wrapped in hides come down and 'cause we don't fight back they go "Who are those people . . .?" *(Pause)* "Hey, let's hit them in the head." Because we have our mind on higher things.*(Pause)* Because we got something better to do than all day to fuckin' beat the women up and go kill things. [. . .][260]

---

[258] Mamet, David. „The Disappearance of the Jews", 15-16.
[259] Vgl. Nelson, J. A., 465.
[260] Mamet, David. „The Disappearance of the Jews", 16.

Joey zitiert anschließend seinen Vater, der ihn vor einem zweiten Holocaustähnlichen antisemitischen Ausbruch warnte. Nachdem er gehört hat, was Bobbys Frau behauptete, glaubt Joey nun, dass sein Vater Recht behalten könnte. Auch diese Gesprächssequenz wird abrupt beendet, diesmal von Bobby. Er fragt Joey, ob dieser ihn zu den „Waldheim Cemeteries"[261] begleite und die beiden verabreden sich zu einem Besuch der Friedhöfe für den kommenden Morgen.

Joey beginnt nun, von seiner Enttäuschung über das Leben zu sprechen, er fühlt sich nutzlos in einer Welt, in der Männlichkeit und physische Stärke nicht mehr zählen. Stattdessen wünscht er sich zurück in ein Leben vor der Industrialisierung, in ein europäisches *schtetl*.

> JOEY: I'll tell you something else: I would have been a great man in Europe - I was meant to be hauling stones, or setting fence posts, something... Look at me: the way I'm built, and here I'm working in a fucking restaurant my whole life.[262]

In Joeys Vorstellung hatten die Juden in den osteuropäischen *schtetls* ein klar definiertes Leben in einer geordneten Welt.[263] Männer und Frauen hatten ihre jeweils klar vorgegebenen Arbeitsbereiche. Die Männer verrichteten hauptsächlich körperliche Arbeit, während die Frauen sich um die Kindererziehung und Verköstigung der Familie kümmerten. Es gab einige Weise, die man um Rat fragen konnte.[264] Auch Joey sehnt sich mehr nach einem Leben, das ihn als körperlich arbeitenden Mann fordert. Er geht sogar so weit, sich das Leben in einem Konzentrationslager zur Nazizeit als bessere Alternative zu seinem eigenen vorzustellen.

Nach Joeys schwärmerischem Ausflug in ein anderes Leben, erzählt ihm auch Bobby, in welche Zeit er sich sehnt: in die zwanziger Jahre von Hollywood. Bei der Bestimmung der jüdischen Identität berühmter Menschen aus dieser Gründerzeit kommen wieder Uneinigkeiten zwischen Bobby und Joey auf.

> BOBBY: Jesus, I know they had a good time there. Here you got, I mean, five smart Jew boys from Russia, this whole industry...
> JOEY: Who?
> BOBBY: Who. Mayer. Warners Fox.
> JOEY: Fox? Fox is Jewish?
> BOBBY: Sure.
> JOEY: Fox is a Jewish name?

---

[261] Die „Waldheim Cemeteries" ist das größte Grundstück in der Gegend von Chicago in jüdischem Besitz, auf dem sich ungefähr 240 jüdische Friedhöfe befinden, die insgesamt 175.000 Gräber umfassen. Vgl. www.graveyards.com
[262] Mamet, David. „The Disappearance of the Jews", 18.
[263] Vgl. Nelson, J. A., 463.
[264] Vgl. ebd.

BOBBY: Sure.
JOEY: Who knew that?
BOBBY: Everyone.
JOEY: Huh. *(Pause)* I always saw their thing, it looked goyish to me.
BOBBY: What thing?
JOEY: Their castle, that thing on their movies . . .
BOBBY: No.
JOEY: I thought it was a goyish name.
BOBBY: "Fox?"
JOEY: Twentieth Century-Fox. *(Pause)* Century Fox. *(Pause)* Charlie Chaplin was Jewish.
BOBBY: I know that, Joe.[265]

Man kann also die jüdische Herkunft eines Menschen nicht immer eindeutig über seinen Namen bestimmen. Die Erwähnung von Charlie Chaplin ist solch ein Beispiel für Irrtümer, die sich in der Gesellschaft verbreitet haben, denn Charlie Chaplin war keineswegs Jude.[266]

Während Bobby vom Hollywood der zwanziger Jahre träumt, als sich Juden in der neuen Industrie des Films etablierten und Filmstudios gründeten, schwärmt Joey von der Zeit vor dem Ersten Weltkrieg in Europa, vom Leben in den jüdischen Ghettos in Osteuropa. Daran wird die unterschiedliche Haltung der beiden zu ihrer Religion und ethnischen Zugehörigkeit deutlich. Bobbys Fantasien gehen nicht über Amerika hinaus, sie bewegen sich in der westlichen, kapitalistischen Welt von Hollywood, in der die meisten Juden ihre Religion verschleierten, um Erfolg zu haben. Typisch für diese Zeit war, dass jüdische Schauspieler ihre Namen in nicht jüdisch klingende umänderten. Dies wurde von ihren meist jüdischen Arbeitgebern toleriert und oft sogar verlangt. In dem von Joey erträumten Milieu hingegen war man klar als Jude erkennbar und der soziale Umgang beschränkte sich auf den mit anderen Juden. Joey wünscht sich mehr jüdisches Selbstbewusstsein und sehnt sich danach, seine jüdische Identität offener nach außen tragen zu können. In seiner Fantasie bezeichnen ihn die anderen als „Reb Lewis".

Wieder bricht Bobby das laufende Gespräch ab und fragt Joey nach seiner Ehe mit Judy. Joey eröffnet Bobby, dass die Ehe und Familie mit ihrer Verantwortung zur Last für ihn geworden seien. Seit einiger Zeit fantasiere er sogar davon, seine Frau und Kinder zu ermorden und in die kanadischen Wälder zu flüchten. Dann weiht er Bobby in seine Selbstmordgedanken ein und erfährt, dass auch dieser schon an Selbstmord gedacht hat. Charakteristisch für den Gesprächsverlauf

---

[265] Mamet, David. „The Disappearance of the Jews", 25 - 26.
[266] Vgl. Kane, Leslie, 238.

von *The Disappearance of the Jews* gehen Joey und Bobby von diesem delikaten Thema wieder zu einem trivialen „Smalltalk" über.

> JOEY: You worried I would shoot myself?
> BOBBY: You said you would.
> JOEY: I actually might. I think that sometimes. *(Pause)* Don't you? *(Pause)* Bobby ... ?
> BOBBY: *(Pause)* Sometimes. *(Pause)*
> JOEY: I knew you did. *(Pause)* I wouldn't take the pistol from the store, though. And I'll tell you why, because I think that just its presence, that you know it's there discourages them. *(Pause)* Let them go rob someplace else. Everything, everything, everything ... it's ... I'll tell you: It's a mystery, Bob ... everything. *(Pause)* I don't know how things work. I can hang up a coat hook, people that I know can fix a stove. *(Pause)* Anyone can change a tire – although Lucille bought a new Pontiac, she went to change the tire, the jack wouldn't fix it.
> BOBBY: Maybe she wasn't putting it in right.[267]

Joey und Bobby fühlen sich beide fremd im eigenen Leben. Ihre Ehen funktionieren nicht mehr und sie sehnen sich nach der Flucht aus dem Familienleben. Joey fühlt sich nutzlos und unmännlich, da seine physische Stärke nicht mehr benötigt wird und er einer ehemals eher weiblich besetzten Arbeit in einem Restaurant nachgeht. Ihr Fremdheitsgefühl ist aber nicht die Angst, in einem komplexen, unpersönlichen System von sozialen oder politischen Institutionen gefangen zu sein.[268] Es ist das Fehlen von Ordnung und Unterscheidungen, das ihre „Verbindungen" auflöst.[269] Die Angst vor einer antisemitischen Gesellschaft, die sie in ihren Äußerungen vermitteln, rührt von ihrer fehlenden Abgegrenztheit von der Gesellschaft her. Die beiden Männer haben nichts spezifisch Jüdisches mehr in ihrem Leben, das sie von Nichtjuden unterscheiden könnte. Ihre Auflösung im amerikanischen „melting pot" empfinden sie als bedrohlichen Identitätsverlust. Sie fühlen sich nicht als Fremde, weil sie sich von den anderen zu weit entfernt haben, sondern weil sie den anderen zu nahe sind und ihre eigenen Grenzen nicht mehr spüren.[270] Bei Joey wird dieser Identitätsverlust an seiner Sehnsucht nach einem autoritären System mit Ritualen besonders deutlich.

> JOEY: [...] this shit is dilute, this is schveck this shit, I swear to God, the doctors, teachers, everybody, in the law, the writers all the time geschraiying, all those assholes, how they're lost ... of course, they're lost. They should be studying talmud ... we should be able to come to them and to say, "What is the truth ... ?" And they should tell

---

[267] Mamet, David. „The Disappearance of the Jews", 32-33.
[268] Vgl. Nelson, J. A., 464.
[269] Vgl. ebd.
[270] Vgl. ebd.

us. What the talmud says, what this one said, what Hillel said, and I, I should be working on a forge all day. they'd say, "There goes Reb Lewis, he's the strongest man in Lodz." I'd nod.[271]

Die jüdisch-amerikanische Intelligenz, zu der Joey neben den Medizinern, Lehrern und Juristen auch die Schriftsteller zählt, ist seiner Meinung nach verloren. Er wünscht sich jüdische Weise, die den Talmud studieren und die er um Rat fragen kann. Er möchte von den anderen als Jude erkannt und geachtet werden. Dass Joey an dieser Stelle die Schriftsteller nennt, ist typisch für die jüdische Kultur, in der Schriftsteller traditionell sehr hoch angesehen sind. Auffallend ist auch die Häufung jiddischer Ausdrücke, die Joey in seiner Aufgebrachtheit verwendet, wie *schveck* („Unsinn") oder *geschraying* („schreien, sich aufregen"). Es deutet darauf hin, dass er seine jüdische Identität im Alltag unterdrückt und sie sich über das Medium der Sprache wieder einen Weg an die Oberfläche sucht, sobald Joey die Selbstkontrolle verliert.

Deutlich wird der jüdische Identitätsverlust in *The Disappearance of the Jews* auch an den Figuren, über die Joey und Bobby sprechen. Sie üben Lebensformen aus, welche in der jüdischen Kultur und Religion verpönt sind. So zeigen sich Bobby und Joey schockiert über die Tatsache, dass der Jugendfreund Howie Greenberg homosexuell geworden ist.[272] Über die sexuelle Neigung der beiden Mädchen Debbie Rosen und Debbie Rubovitz, mit denen Joey und Bobby als Jugendliche eine sexuelle Affäre hatten, sind sie sich im Nachhinein unsicher und können sich durchaus vorstellen, dass die beiden bisexuell waren.[273] Joey, der unter der allgemein reduzierten Bedeutung von Männlichkeit in der Gesellschaft leidet, deutet sexuelle Probleme mit seiner Frau an: „I want to tell you something, Bob, she's a wonderful woman, but there's such a thing as lust."[274]

The Disappearance of the Jews endet mit der Aussage, dass die beiden Freunde sich nicht sehr verändert haben, zumindest äußerlich. Bobby, der aus einer Krise heraus nach Chicago zurückgekehrt war, hat durch das Gespräch mit seinem alten Freund erfahren, dass auch dieser unglücklich und desillusioniert ist. Joey fühlt sich, obwohl er in der Heimat geblieben ist, genauso entwurzelt und orientierungslos wie Bobby.

Das zweite Kurzdrama innerhalb von *The Old Neighborhood*, *Jolly*, wird wie das erste von den Erinnerungen seiner Protagonisten dominiert. Bobby Gould besucht seine Schwester Jolly, die mittlerweile verheiratet ist und zwei Kinder hat.

---

[271] Vgl. Mamet, David. „The Disappearance of the Jews", 19.
[272] Vgl. Nelson, J. A., 464.
[273] Vgl. ebd.
[274] Mamet, David. „The Disappearance of the Jews", 30.

Handlungsort ist Jollys Zuhause in Chicago, die Handlungszeit beträgt weniger als einen Tag. Aus *The Disappearance of the Jews* weiß der Zuschauer, dass Bobby Gould vorhatte, gemeinsam mit Joey die „Waldheim Cemeteries" zu besuchen. Dies könnte eine Erklärung für seine eher aggressive Stimmung zu Beginn des Dramas sein.[275] Bereits der Name „Jolly" ist wie ein sarkastischer Kommentar auf Jollys Charakter zu verstehen, denn sie ist alles andere als eine fröhliche Frau. Sie scheint auf die Rückkehr ihres Bruders nur gewartet zu haben, um sich gemeinsam mit ihm über ihre traumatische Kindheit auszutauschen.

Die erste Szene setzt in einem Gespräch zwischen Bobby und Jolly ein, bei dem auch Jollys Ehemann Carl anwesend ist. Jolly berichtet Bobby von einem Telefonat mit dem gemeinsamen Stiefvater, bei dem dieser starke Kritik auf ihre Erziehungsmethoden ausübte. Eine Diskussion über Elternschaft beginnt, bei der Bobby seiner Schwester aufgebracht rät, ihre beiden Töchter vor dem Stiefvater und seinen Angehörigen zu schützen. Sie erinnern sich an ihre eigene Kindheit, die von ungleicher Behandlung, Eifersucht und Schmerz geprägt war.[276] Besonders Jolly litt unter ihrem Stiefvater und unter der Lieblosigkeit ihrer Mutter.

> JOLLY: And I think about all those years . . .
> BOB: They treated you like filth. *(Pause)*
> JOLLY: Yes. They did. They treated me like filth. Do you know, you don't know, 'cause you weren't there- when they first came. *Mother* told me, I was ten. So she was, what eight; she was going to sleep in my bed. She took up the bed, as she was a "creeper," you know. I'm a rock. You put me in a bed. And unmoving. Morning. She was all over the place. And I went in and told Mom that I couldn't sleep. She said, "She is his daughter, and this is the case. If you can't sleep, sleep on the floor."[277]

Die ungleiche Behandlung, die Jolly ihrer Stiefschwester Carol gegenüber bereits in der Kindheit erfuhr, scheint sich auch nach dem Tod der Mutter fortzusetzen. Der Stiefvater hat den gesamten Besitz der Mutter verkauft, verwehrt Jolly jedoch jegliches Erbe. Obwohl sie die Mutter bis zu ihrem Tod pflegte, Carol dagegen nicht einmal zur Beerdigung erschien, bekommt Carol nun die begehrten Erbstücke, wie zum Beispiel den Nerzmantel. Bobby scheint das Verhalten des Stiefvaters nicht zu überraschen. Er versucht Jolly davon abzubringen, dennoch Mitleid mit der Familie zu haben.

> BOB: . . . they never loved us.

---

[275] Kane, Leslie, 244.
[276] Kane, Leslie, 245.
[277] Mamet, David. „Jolly" In: *The Old Neighborhood:* Three Plays: The Disappearance of the Jews – Jolly – Deeny. New York: Vintage Books, 1998, 47-48.

> JOLLY: They, no, Buub, in their „way" . . .
> BOB: Jol, Jol, that's, that's your *problem*
> JOLLY: What is? What is?
> BOB: I say that I'm gonna sue the cocksucker. You say no. I mean. What in the hell *possesses* a man. To *treat* you like that: Do you see? It's *cruel*. Jol. *They're cruel*. They were *cruel* toward us, and if there's such a thing as "abuse," we got it. And your problem is . . .
> JOLLY: I know what my problem is . . .
> BOB: . . . your problem . . .
> JOLLY: I know what my problem is . . .
> BOB: *Your* problem is: You could not face the fact. They didn't love you. And that's your problem. That they did not love us. *(Pause)*
> JOLLY: They loved *you*, Buub.[278]

Die häufige Verwendung des jiddischen Kosenamens *Buub* (von: „Bubeleh") zeigt die Sympathie und emotionale Nähe, die Jolly für ihren Bruder empfindet.[279]

In Szene zwei setzen die beiden Geschwister ihre Unterhaltung fort. Durch die nächtliche Uhrzeit wird die Intimität der Konversation noch intensiviert. Sie erinnern sich an ihr erstes Weihnachtsfest, das sie erlebten, nachdem die Mutter einen Nichtjuden, einen so genannten *sheigetz*, geheiratet hatte. Der neue Stiefvater bedeutete den Verlust von Traditionen, ein Leben ohne Liebe, stattdessen mit einem unerwünschten Weihnachtsfest.[280] In dieser Szene wird deutlich, wie liebevoll die Beziehung zwischen Jolly und Bobby trotz aller Schwierigkeiten ist. Bobby weiht sie in seinen Entschluss ein, nicht mehr zu seiner Ehefrau zurückzukehren. Jolly kann diese Entscheidung voll und ganz verstehen und berichtet von einem Erlebnis, das beispielhaft für ihren fragilen, vergangenheitsbezogenen Zustand steht.

> JOLLY: I WANT ONE THING. And that is: The thing that is best for you. Period. Paragraph. And the rest of the world can go to hell. I don't give a fuck. I'm too old. *(Pause)* And there you have it and that's the story of it. *(Pause)* All I want to say . . .
> *(Long Pause)* . . . Fella comes up to me, I'm driving, fella comes up to meI'm driving the girls somewhere, "Don't you know," No. "Did you know. This is a One-way Street . . ." I'm . . . never in my life, Bob. I'm sick. I'm a sick woman. I know that. I'm, aware of that, how could I not be. My mind is racing "Did you know." "Didn't you know . . ." Did I drive down on PURPOSE? I did *not* know . . . IS YOUR QUESTION . . . what? The proper, I would say, response, is „One-way Street!" Smiles. One way. You, we would *assume*, did not know that you are, why *would* I, that. Some piece of shit JUST LIKE ME. Whether or not I knew, your . . . your „rights" end with and even, I HAD, how *terrible* is

---

[278] Mamet, David. „Jolly", 60-61.
[279] Vgl. Kane, Leslie, 248.
[280] Vgl. Kane, Leslie, 249.

that. Some piece of shit even, I HAD, how terrible is „this is a one-way street," and what I MAY HAVE KNOWN is none of your *concern* and FUCK YOU, and I'm SEETHING at this, this emasculated piece of shit who has to take out his *aggression* on some haggard, sexless, unattractive *housewife*, with her *kids* in her station wagon . . . *(Pause)* and this is my fantasy life. (Pause) A rich, "full" life. *(Pause)*[281]

Jolly ist eine verbitterte Frau, die sich nicht von den schrecklichen Kindheitserinnerungen lösen kann. Sie vermittelt Bobby mit diesem emotionalen Ausbruch ihre suizidalen Tendenzen, aber auch ihr Gefühl der inneren Leere und die Abgeschnittenheit zu ihrer eigenen Gefühlswelt.

Szene drei beginnt am folgenden Morgen. Was zunächst nach einer Verabschiedungsszene aussieht, entwickelt sich bald wieder zu einem Ausflug in die Vergangenheit, bei dem Jolly sich an beliebte Plätze aus der Kindheit erinnert. Sie scheint ihren Bruder nicht gehen lassen zu wollen. Ihren Ehemann Carl, der sich von Bobby und seiner Frau verabschieden will, um die Kinder zum Turnunterricht zu fahren, bemerkt sie in ihrem Redefluss gar nicht. Als sie sich ungestört fühlt, weiht Jolly ihren Bruder in ihren wiederkehrenden Alptraum ein. In diesem Traum klopfe die Mutter an ihre Tür und bitte sie, ihr zu öffnen. Sie gebe vor, Jolly vor den anderen Familienmitgliedern schützen zu wollen, da diese vorhätten, sie zu ermorden. Als Jolly die Mutter hereinlässt, stellt sich jedoch heraus, dass die Mutter sie töten will. Bevor Bobby auf Jollys Erzählung reagieren kann, erscheint noch einmal Carl, der die Adresse der Turnhalle vergessen hat. Er zögert und fragt Jolly, ob er nicht doch bleiben solle. Doch die, fast wie in Trance, gefangen in ihrer Erinnerungswelt entgegnet ihm: „No. Thank you. Bobby will be here a while, you see. And he's the only one who knows *(Pause)* 'Cause he was *there* . . .[282] Mit dieser Aussage endet das Drama. Jollys jetziges Leben mit Ehemann und Kindern scheint lange nicht so viel Platz in ihrer Innenwelt einzunehmen, wie ihre Kindheit und Jugend. An ihrem häufigen Alptraum wird deutlich, dass sie unter ihrem Unvermögen, anderen Menschen Vertrauen entgegen zu bringen, sehr leidet.

Die Geschehnisse der gemeinsamen Vergangenheit von Jolly und Bobby werden meist nur angedeutet. Aus Angst davor, den anderen oder sich selbst zu sehr zu verletzen, scheuen sich die Geschwister davor, offen über ihre Kindheits- und Jugenderfahrungen zu sprechen. Der Zuschauer ahnt, dass die Erinnerungen an die Vergangenheit das gegenwärtige Leben der Geschwister beeinflussen. Besonders Jolly wird regelrecht von ihrer Vergangenheit beherrscht und scheint sich auf die Gegenwart nicht wirklich konzentrieren zu können. Die Atmosphäre in der Unterhaltung der beiden Geschwister schwingt hin und her, zwischen Resignation

---

[281] Mamet, David. „Jolly", 76-77.
[282] Mamet, David. „Jolly", 85.

und Aggressivität. Bobby durchgeht in *Jolly* eine Wandlung. Er ist zu Anfang des Stücks aufgebracht und gereizt, wird dann leise und in sich gekehrt und zum Ende hin immer wortkarger, bis er kaum mehr einen vollständigen Satz ausspricht.

Seine sprachliche Zurückhaltung und Nachdenklichkeit behält Bobby auch in *Deeny*, dem letzten und kürzesten der drei Dramen. Hier trifft er seine ehemalige Freundin Deeny in einem Restaurant wieder. Aus dem Gespräch mit Joey weiß Bobby, dass Deeny mittlerweile eine Scheidung hinter sich hat und in der Kosmetikabteilung eines nahe gelegenen Kaufhauses arbeitet. Er weiß außerdem, dass Deeny sich nach ihm erkundigt hat und sich laut Joey äußerlich nicht verändert hat. Die Bedeutung und Art der Beziehung, die zwischen Bobby und Deeny einmal bestand, bleibt unausgesprochen, die Tatsache jedoch, dass Bobby außer seinem besten Jugendfreund und seiner Schwester gerade sie besucht, lässt vermuten, dass Deeny einmal eine sehr große Bedeutung für ihn hatte und wahrscheinlich immer noch hat. Das Drama setzt in einer anscheinend schleppend vorangehenden Unterhaltung mit einem Kommentar von Deeny über das Wetter ein. „They say there's going to be a frost tonight."[283]

Es folgt ein Gespräch, das durch lange Monologe von Deeny dominiert wird, und bei dem Bobby die Rolle des Zuhörers einnimmt. Neben kurzen, zustimmenden Kommentaren überbrückt er Sprechpausen von Deeny, und ist dabei immer bemüht, ihren Redefluss am Laufen zu halten.

> DEENY: And I had a vision of *coffee*. Coffee, certainly . . . I *thought*, you see, I *thought*, that the unfortunate thing about it was that it closed us off. And that *coffee* . . .
> BOB: . . . yes.
> DEENY: *Coffee*, or *cigarettes* tended to . . .
> BOB: . . . to . . .
> DEENY: . . . *paralyze*.
> BOB: Yes.
> DEENY: . . . natural functions, you see, in that the one, with the digestion, or the other, with the lungs, cut down our . . .
> BOB: . . . our . . .
> DEENY: . . . abilities . . . to . . . to . . . *(Pause)* you know, to use the world, I think–those things of the world we could take in: food, or air, you know, and use them.[284]

Deeny erzählt zunächst von ihren beruflichen Erfolgen und von ihrem Traum, einen Garten zu besitzen. Sie stellt sich vor, bei Frühfrost in ihrem Garten bei einer

---

[283] Mamet, David. „Deeny" In: *The Old Neighborhood:* Three Plays: The Disappearance of the Jews – Jolly - Deeny. New York: Vintage Books, 1998, 89.
[284] Mamet, David. „Deeny", 90-91

Tasse Kaffee und einer Zigarette zu sitzen, und fragt sich, warum sie sich selbst immer wieder von der Erfüllung dieses Wunsches abhält.

> DEENY: I never *planted* a garden, nor *will* I plant a garden, and when I *question* myself as to *why*, I have no answer.
> "Would it give you pleasure?"
> "Would you enjoy it?"
> "Yes."
> "Would it be difficult to do?"
> "No."
> "Then why do you not *do* it?"
> And there is no answer, but, do you know, do you know what I mean, but it is ... waiting ... that's a funny word ... it's waiting, waiting, just beyond ... you know, it's in the back of my mind. "It's because ..." What? What is it because? It's too much *trouble?* No. No, you see, I say to myself, that it's the *opposite* of trouble. It's *joy*. Well, then, I say. Well, then, draw yourself up and *do* it. And I say "perhaps I will." Perhaps I will.[285]

Deeny erinnert in ihrer Überlegung hier stark an Joey, der in *The Disappearance of the Jews* ebenfalls desillusioniert feststellt:

> But I can't get it up. I'm going to die like this. A shmuck. *(Pause)* All of the stuff I'd like to do. I'll never do it. *(Pause)* What do you make of that? *(Long Pause)*[286]

Bobby reagiert in beiden Situationen eher ausweichend und ratlos. Er scheint unfähig, seinem jeweiligen Gegenüber Trost zu spenden oder aufzumuntern, da seine persönliche Lage ähnlich von Selbstzweifeln und Unzufriedenheit geprägt ist. Deeny spricht von ihren Gedanken über Naturvölker, die Rituale der Körperverstümmelung betreiben. Sie stellt sich vor, durch so ein Ritual neu geboren zu werden und die Vergangenheit hinter sich lassen zu können. Auch hier lässt sich wieder eine Parallele zu Joey ziehen, der ebenfalls von Naturvölkerriten fantasierte. Er stellte sich symbolische Handlungen vor, durch die ein Junge in die erwachsene Männerwelt aufgenommen wurde. Auch in der jüdischen Kultur gibt es eine religiöse Zeremonie, durch die das Kind symbolisch zum selbstverantwortlichen Menschen erklärt wird: die Bar Mitzvah beziehungsweise die Bat Mitzvah. Die Überlegungen von Deeny und Joey deuten daraufhin, dass sie sich verstärkt nach einem Regelsystem sehnen, nach dem sie ihr Leben ausrichten können. Gerade die jüdische Religion ist geprägt von Regeln, die das tägliche Leben detailliert einteilen und organisieren.

---

[285] Mamet, David. „Deeny", 94.
[286] Mamet, David. „The Disappearance of the Jews", 31.

Im Gegensatz zu *The Disappearance of the Jews* und *Jolly* wird in *Deeny* keine verbale Vergangenheitsbewältigung betrieben. Bobby und Deeny sprechen keine gemeinsamen Erinnerungen an und werden nie sehr persönlich. Für Deeny ist der Blick in die Vergangenheit nicht wichtig, wichtig ist für sie allein die gefühlte Leidenschaft.

> BOB: What is important? *(Pause)*
> DEENY: What is important? *(Pause)* You know, couldn't you say of *anything* that it is folly? Except passion. While you're feeling it, and afterward, *especially* of that. That it is folly. *(Pause)* That everything is folly.[287]

Diese Aussage könnte als eine Anspielung auf die Liebesbeziehung, die Deeny einmal mit Bobby verband, interpretiert werden. Was danach folgt, sind relativ unzusammenhängende Gedankenfetzen von Deeny, die Bobby scheinbar erfolglos zu verstehen versucht. Deeny stellt schließlich resigniert fest: "I never knew what you wanted."[288], um dann wieder zum Wetter, dem Thema des Gesprächsanfangs zurückzukehren. „They say there's going to be frost tonight."[289] Bobby und Deeny verabschieden sich relativ abrupt, mit wenigen Worten wieder voneinander. Welche Schlüsse Bobby letztlich aus dieser Begegnung mit seiner ehemaligen Liebe zieht, bleibt offen.

Den drei Teilstücken von *The Old Neighborhood* ist gemeinsam, dass in fast allen Dialogen die Konversationsthemen nur angeschnitten werden und abgebrochen werden, bevor es zu einer Krise oder einer Klimax kommen kann.[290] So entsteht oft die Atmosphäre des Unausgesprochenen und der Ratlosigkeit. Joey und Bobby reihen ihre jeweiligen Erinnerungen aneinander, ohne dass einer auf den anderen eingeht. Jolly ist meist so eingenommen von ihren eigenen Gedanken, dass sie kaum in der Lage ist, Bobby zuzuhören. Deeny und Bobby haben Hemmungen, ihre wahren Gefühle auszusprechen und ihre in der Vergangenheit liegende Beziehung zu klären. Dieses verbale Unvermögen der Figuren, ihre Emotionen zu artikulieren deutet darauf hin, dass die Figuren auch selbst keinen Zugang zu ihrer Gefühlswelt finden.

Alle Figuren fühlen sich fremd und sehnen sich nach einer stärker definierten Identität. Sie sind sich unsicher über die Bedeutung ihrer jüdischen Herkunft. Einerseits sind sie in ihrer Lebensführung zu assimiliert um sich von Nichtjuden zu unterscheiden, andererseits können sie ihre jüdische Herkunft auch nicht verleugnen. Sie stehen also vor dem Dilemma einer vorgegebenen, jüdischen Identität, die

---

[287] Mamet, David. „Deeny", 97.
[288] Mamet, David. „Deeny", 99.
[289] Mamet, David. „Deeny", 99.
[290] Vgl. Nelson, J. A., 461.

sie nicht ausfüllen können. So entstehen Gefühle von Angst und Bedrohung, wie sie Joey in der Vermutung äußert, es könnte ein Holocaust-ähnlicher Ausbruch an Antisemitismus passieren. Jolly reagiert hysterisch auf einen Passanten, der sie darauf hinweist, die Verkehrsregeln nicht zu befolgen und vermutet darin die Entdeckung ihrer Selbstmordgedanken. Deeny und Joey träumen von einer Reglementierung ihres Lebens durch Rituale und Vorschriften. David Mamet beschreibt in *The Old Neighborhood* jüdische Figuren, die sich in der amerikanischen Einheitskultur verloren haben und dadurch keine klare kulturelle Identität mehr besitzen.

2.3.2 Wendy Wasserstein: *Isn't It Romantic?*

Während Mamet das Thema Identitätssuche assimilierter Juden in Amerika eher pessimistisch behandelt und Erinnerung an Vergangenes als die einzige Handlungsmöglichkeit seiner Charaktere offeriert, zeigt Wasserstein mit ihrer Komödie *Isn't It Romantic?* einen Ausweg durch Neuerfindung und aktiver Gestaltung der eigenen Identität. *Isn't It Romantic?*, Wassersteins zweites Theaterstück, wurde 1983 in New York am „Playwrights Horizons Theater" unter der Leitung von André Bishop uraufgeführt.

Das Drama weist starke autobiographische Züge auf. Man könnte sogar so weit gehen, die Protagonistin Janie Blumberg als Alter Ego von Wendy Wasserstein selbst zu bezeichnen. Wie Wasserstein, ist auch Janie Blumberg, gerade achtundzwanzig Jahre alt, nach dem Studium in ihre Heimatstadt New York zurückgekehrt, in der sie nun versucht, sich als freie Autorin zu etablieren. Sie bezieht zum ersten Mal eine eigene Wohnung, die allerdings durch Improvisiertheit charakterisiert ist. Janie kann sich nicht dazu überwinden, die Umzugskartons auszupacken und sich einzurichten.

Auch Janies Eltern ähneln denen von Wendy Wasserstein sehr. Die Mutter Tasha ist eine Tänzerin, die fanatisch an Aerobic-Kursen teilnimmt, Stepptanz erlernt und ihre Tochter in Tanzkleidung besucht. Schon morgens um sieben Uhr trällert sie der Tochter Gute-Laune-Lieder auf den Anrufbeantworter oder kommt unangemeldet vorbei, um bei ihr nach dem Rechten zu sehen. Auch Wassersteins Mutter Lola war eine professionelle Tänzerin, die ihren Beruf noch bis ins hohe Alter ausübte. Der Vater im Stück, Simon Blumberg, ist ein Fabrikant von Büroartikeln. Wassersteins Vater war Textilfabrikant. Janies Eltern möchten, dass ihre Tochter so schnell wie möglich heiratet. Daraus ergeben sich komische Situationen, wie in Szene sechs des ersten Aktes, als Simon und Tasha einen aus Russland stammenden jüdischen Taxifahrer in Janies Wohnung mitbringen, um ihn ihr als möglichen Heiratskandidaten vorstellen.

Das Drama ist in zwei Akte eingeteilt, der erste in sieben, der zweite in sechs Szenen. Es wird durch einen Prolog eingeleitet. Dieser besteht aus Janie Blumbergs

Anrufbeantworteransage, sowie Nachrichten von ihren Eltern und ihren Freundinnen Harriet Cornwall und Cynthia Peterson. In ihrer Ansage beginnt Janie ein Lied zu singen, das die Titel gebende Frage *Isn't It Romantic?* beinhaltet. Der Anrufbeantworter ist auch im restlichen Verlauf des Stücks immer wieder zu hören. Man könnte ihn als eine moderne Version des griechischen Chors bezeichnen, da er kommentierend und reflektierend auf die Handlung reagiert. Die meisten Nachrichten stammen von Cynthia Peterson, die selbst nie in Person auftritt. Sie ist eine New Yorker Freundin aus Janies Schulzeit, mit der Janie den Kontakt anscheinend nicht wieder auffrischen will. Cynthia möchte sich immer wieder mit Janie verabreden. Sie spricht ihr Nachrichten auf den Anrufbeantworter, die hauptsächlich von ihrer Frustration darüber handeln, keinen geeigneten Partner in New York zu finden und eine unverheiratete Frau zu bleiben.

In der ersten Szene treffen sich Janie und Harriet im Central Park. Harriet, Janies nichtjüdische Studienfreundin, die vor kurzem ihr Wirtschaftsstudium in Harvard abgeschlossen hat, berichtet von ihren erfolgreichen Bewerbungsgesprächen. Janie hingegen scheint Schwierigkeiten mit ihrer neuen Unabhängigkeit zu haben.

> JANIE *fluffs her hair:* Do I look alright? You know what I resent?
> HARRIET: What?
> JANIE: Just about everything except you. I resent having to pay the phone bill, be nice to the super, find meaningful work, fall in love, get hurt. All of it I resent deeply.
> HARRIET: What's the alternative?
> JANIE: Dependency. I could marry the pervert who's staring at us. No. That's not a solution. I could always move back to Brookline. Get another master's in something useful like Women's Pottery. Do a little free-lance writing. Oh, God, it's exhausting.[291]

Kurz darauf lernen die beiden den „pervert" kennen, der sie im Park anstarrte. Es handelt sich um Marty Sterling, der Harriet noch von einer Vorlesung an der Universität kennt. Harriet stellt ihm Janie vor. Es stellt sich heraus, dass Marty als Kind zusammen mit Janies Bruder Ben zum Camp Kibbuz fuhr. Damals hieß er noch Murray Schlimovitz, doch die Familie änderte nach dem Ruin der ersten Restaurantkette des Vaters ihren Namen. Nun ist Martys Vater Besitzer einer neuen, erfolgreichen Restaurantkette und Marty selbst ist Nierenarzt geworden.

> MARTY: Are you familiar with Ye Old Sterling Tavernes?
> HARRIET: Sure, that's a national chain.
> MARTY: My father's chain.

---

[291] Wasserstein, Wendy. „Isn't It Romantic?" In: *The Heidi Chronicles and other Plays.* New York: Vintage Books, 1991, 73-153, 82.

HARRIET, *impressed*: Well.
JANIE: Well.
MARTY: Well.
HARRIET: Well.
MARTY: Well. I'm on call. I'm a doctor. Kidneys.
HARRIET & JANIE, *very impressed:* Well![292]

An diesem Ausschnitt zeigen sich der Humor und die Ironie, die in Wassersteins Dialoge einfließen und die vor allem die Figur Janie verinnerlicht hat. Nachdem Marty sich von ihr und Harriet verabschiedet hat, stellt Janie fest, dass Marty der perfekte Schwiegersohn für ihre Eltern wäre: „Wait till I tell my parents I ran into him. Tasha Blumberg will have the caterers on the other extension."[293]

In der nächsten Szene kommen Janies Eltern auf einen Überraschungsbesuch bei ihr vorbei, um die neue Wohnung einzuweihen. Sie erzählen, dass Marty Sterling anrief, um ihre Telefonnummer in Erfahrung zu bringen. Ohne ihn persönlich kennen gelernt zu haben, sind beide Eltern der Meinung, er wäre eine gute Partie für Janie. Denn, wie Tasha bemerkt: "He comes from nice people".[294] „Nice" bedeutet in diesem Fall jüdisch, reich und gebildet.

Janie geht tatsächlich mit Marty aus, in Szene vier. Aus der Unterhaltung der beiden wird deutlich, dass Marty sehr traditionell orientiert ist. Er hat bereits auf einem Kibbuz in Israel gearbeitet und ist noch unentschlossen, ob er seine Praxis in New York oder in Tel Aviv eröffnen soll. Außerdem ist er der Meinung, jüdische Familien sollten mindestens drei Kinder haben, da das Judentum eine aussterbende Religion sei. Er nennt Janie „monkey", und ist froh, dass sie keine Karrierefrau ist. Bereits bei diesem ersten Treffen macht er deutlich, dass er eine hingebungsvolle Frau sucht, die ihn in seinem Beruf unterstützt und ihre Zeit hauptsächlich ihm widmet.

Dr. Marty Sterling, der im Verlauf des Stücks seinen Namen wieder zu Murray Schlimovitz ändern wird, repräsentiert den Traditionalisten, wie er in vielen Stücken Wassersteins vertreten ist. In *The Sisters Rosensweig* ist es zum Beispiel die Figur der Georgous Teitelbaum. Mit der Orientierung an die traditionellen jüdischen Werte, die Marty mit dem Stadtteil Brooklyn - in dem er letztlich auch seine Praxis eröffnen wird - und seinen äteren jüdischen Einwohnern, den *alta kakas*[295], assoziiert, nimmt er aber auch ein weiteres, etwas zweifelhaftes Erbe des patriarchalischen Judentums an: der Glaube an die Rolle der Frau als aufopferungsbereite

---

[292] Wasserstein, Wendy, 83.
[293] Wasserstein, Wendy, 85.
[294] Wasserstein, Wendy, 90.
[295] Jiddisch für: „Die Alten".

Mutter und Hausfrau.[296] Als Janie erkennt, dass Marty in ihr die fürsorgliche Mutter und Hausfrau sieht, die ihre eigene Selbstverwirklichung der ihres Ehemannes opfert, beendet sie ihre Beziehung zu ihm. Es widerstrebt ihr, mit einem Mann zusammen zu sein, der Entscheidungen über ihren Kopf hinweg trifft und meint, besser zu wissen, was gut für sie ist und was nicht. So mietet Marty zum Beispiel ohne Rücksprache mit ihr eine Wohnung für die beiden in Brooklyn an und plant eigenmächtig ihren Umzug.

Janie entscheidet sich gegen Marty und für ein selbstbestimmtes Leben mit eigener Karriere, die als freie Mitarbeiterin bei der Sesamstraße beginnt. Als ihre Mutter zunächst unverständlich auf ihre Entscheidung reagiert, da Murray Schlimovitz für sie doch den perfekten jüdischen Prinz verkörpert, entgegnet ihr Janie mit jenen feministischen Ratschlägen, die sie von der Mutter selbst zu hören bekam:

> JANIE, *furious*: Mother, think about it, did you teach me to marry a nice Jewish doctor and make chicken for him? You order up breakfast from a Greek coffee shop every morning.[297]

Tasha verteidigt sich daraufhin, sie sei eine unabhängige, moderne Frau, die auch ohne ihre Tochter glücklich sein könne. Hier wird deutlich, dass ihre Erziehung und Lebensführung im Widerspruch zu ihren Erwartungen an ihre Tochter steht und sie so nicht als Vorbild fungieren kann.[298] Im Prinzip ist Janie jedoch die Unterstützung ihrer Eltern sicher, unabhängig von den Entscheidungen, die sie für ihr Leben fällt. So würde es ihr Vater zwar gerne sehen, wenn sie sein Geschäft übernähme, er freut sich aber dennoch über ihren beruflichen Einstieg als Autorin. Beide Eltern wünschen sich, dass ihre Tochter heiratet und eine Familie gründet, unterstützen sie jedoch gleichzeitig bei ihrem unabhängigen Leben, indem sie ihr zum Beispiel bei der Einrichtung helfen. Die Eltern scheinen zwar einen jüdischen Partner für Janie zu bevorzugen, akzeptieren aber auch eine Heirat außerhalb der jüdischen Religion, wie man an Janies Bruder sieht, der eine Christin geheiratet hat. Die Eltern machen zwar Scherze darüber, indem sie die Schwiegertochter Christ anstatt Chris nennen, stehen aber nicht ernsthaft in Konflikt mit der interreligiösen Verbindung.

Die jüdische Kultur, die Wasserstein am Beispiel der Familie Blumberg zeigt, ist eine säkulare, von Traditionen gelöste. So kennt Janie auch viele der jüdi-

---

[296] Vgl. Alter, Iska. „Wendy Wasserstein." In: Shapiro, Ann R. (Hg.). *Jewish American Women Writers*. A Bio-Bibliographical and Critical Sourcebook. Westport, Connecticut; London: Greenwood Press, 1994, 448-457, 450.
[297] Wasserstein, Wendy, 149.
[298] Vgl. Schiff, Ellen. „The Greening of American-Jewish Drama", 111.

schen Traditionen nicht, mit denen Harriet sie bei ihrem ersten Besuch in Janies Wohnung überraschen will. Janie befolgt auch nicht das Gesetz des Sabbats und arbeitet an einem Samstag. Von ihrer Mutter wird sie einmal kritisch darauf hingewiesen, zu viele jiddische Ausdrücke zu verwenden, als Janie den jiddischen Ausdruck *naches* („Freude an den eigenen Kindern") verwendet. Das verdeutlicht, dass bereits Janies Eltern sich weitgehend von jüdischer Kultur entfernt haben und assimiliert sind.

Wasserstein lässt jedoch in die Charakterzeichnung ihrer Figuren viel *yiddishkayt* („jüdisches Lebensgefühl") und jüdische Klischees einfließen. Dazu gehören die Ratschläge, die Tasha ihrer Tochter erteilt, wie: „Please, sweetheart, look nice. It's important. Even when you throw out the garbage."[299] sowie ihre konstanten Hinweise darauf, dass sie gerne einen Schwiegersohn und Enkelkinder bekäme. Dazu gehört auch die Darstellung des Vaters Simon als ruhig und zurückhaltend, der die mitunter kommandoartigen Anweisungen seiner Frau befolgt: „Where are you going? Give her some money so she'll buy a lock."[300]

Die Protagonistin Janie ist, wie die meisten Protagonistinnen Wassersteins, eine Außenseiterin, die sich durch Witz und Schlagfertigkeit ihren Platz in der Gesellschaft erkämpft. Wasserstein porträtiert gerade nicht die jüdische Prinzessin, die sich vor allem um ihr Aussehen bemüht und auf materiellen Wohlstand aus ist. Wassersteins Frauenfiguren sind ein wenig übergewichtig, haben eine übermächtige Mutter und benutzen Humor als Verteidigung vor möglichen Verletzungen. Wasserstein selbst bezeichnete in einem Interview Humor als „a way of getting on in the world, of taking the heat out of things. Humor is a life force."[301] So verteidigt sich Janie auf Martys Frage nach ihrem Beruf mit: „Oh I scream here on Central Park South. I'm taking a break now"[302] und reagiert die morgendlichen Telefonanrufe ihrer Mutter schlagfertig mit "Hello, Mother. This morning I got married, lost twenty pounds, and became a lawyer."[303] Durch die Trennung von Marty und damit die Lossagung von Erwartungen, die ihre Eltern an sie stellen, gelangt Janie zu neuem Selbstbewusstsein. Sie weiß am Ende des Dramas, dass sie ihr Leben unabhängig und zunächst allein führen will.

Die Schwierigkeit für eine Frau, ein selbstbestimmtes Leben zu führen, wird auch an dem zweiten Muter-Tochter-Konflikt des Stückes deutlich; an dem zwischen Harriet Cornwall und ihrer Mutter Lillian. Lillian hat sich als sehr erfolgreiche Geschäftsfrau in einer von Männern dominierten Berufswelt durchgesetzt. Sie

---

[299] Wasserstein, Wendy, 90.
[300] Wasserstein, Wendy, 91.
[301] Betsko, Kathleen und Rachel Koenig. „Wendy Wasserstein." In: *Interviews with Contemporary Women Playwrights*, 418-431, 419.
[302] Wasserstein, Wendy, 83.
[303] Wasserstein, Wendy, 120.

hat ihre einzige Tochter Harriet vorwiegend allein großgezogen, hat aber ihre elterlichen Pflichten trotzdem nie vernachlässigt. Wie Tasha Blumberg in einem Gespräch mit ihr bewundernd bemerkt, war sie immer die Einzige, die pünktlich zu Elternabenden in der Schule erschien, obwohl sie wohl diejenige Mutter mit der wenigsten Zeit war. Lillian hatte während dieser ganzen Jahre keine Beziehung zu einem Mann. Wie sie ihrer Tochter erklärt, musste sie sich entscheiden zwischen ihrem Kind und Beruf oder ihrem Mann. Stattdessen verbringt sie ihre Samstagabende damit, allein im Bett Fernsehserien mit einem von ihr verehrten Schauspieler anzusehen.

In einer Unterhaltung zwischen ihr und Harriet erklärt die Tochter, dass sie alles haben möchte: eine erfolgreiche Karriere, einen Mann und Familie. Lillian versucht ihr klar zu machen, dass sie nicht alles haben kann, sondern Abstriche machen muss. Harriet ist jedoch anderer Meinung und wird am Ende ihre Forderung durchsetzen. Sie erlebt beruflichen Erfolg durch eine Beförderung und verlobt sich mit einem jungen Mann aus ihrer Firma. Janie reagiert darauf zunächst verletzt, da sie sich von ihrer Freundin verraten fühlt. Schließlich hatte Harriet ihr von einer Hochzeit mit Marty abgeraten. Am Ende werden sich Harriet und Janie jedoch einig darüber, dass es unterschiedliche Wege gibt, sich selbst zu verwirklichen und das persönliche Glück zu finden.

Im Vergleich zu ihrem Zeitgenossen David Mamet zeigt Wasserstein keine von Boshaftigkeit und Sarkasmus strotzenden Menschen.[304] Mamets meist männliche Charaktere sind vorwiegend korrupt, zynisch und bösartig.[305] Im Gegensatz dazu sind Wassersteins Frauenfiguren meist sehr distinguiert in ihrer Artikulation, verletzlich, freundlich und stilbewusst. Es sind warmherzige Charaktere, „very nice girls", die ein angenehmes und schönes Leben verdienen.[306] Beiden Autoren ist gemeinsam, dass sie zeitgenössisches, jüdisches Leben in Amerika porträtieren. Beide tun dies sehr authentisch und greifen auf die Lebensbereiche und Figuren zurück, die ihnen selbst vertraut sind. Wasserstein schreibt über gebildete, junge, jüdische Frauen, welche die Frauenbewegung miterleben (wie in *The Heidi Chronicles*) oder von ihren Errungenschaften profitieren. Mamet veranschaulicht die Nöte desillusionierter jüdischer Großstädter, die im Zeitalter des harten Kapitalismus den Bezug zu ihrer Identität verloren haben. Oft wählt er das Milieu des harten Geschäftslebens, wie das Filmgeschäft in *Speed-the-Plow* oder den Immobilienhandel in *Glengarry Glen Ross*, an dem sich der von Konkurrenzkampf geprägte Umgang der Figuren gut problematisieren lässt. In *The Old Neighborhood* erinnern die ersten Sequenzen der Begegnung zwischen Bobby und Joey an diesen harten

---

[304] Vgl. Whitfield, Stephen J. „Wendy Wasserstein an the crisis of (Jewish) identity.", 243.
[305] Vgl. ebd.
[306] Vgl. ebd.

Umgang. Der eine versucht hier jeweils Fehler in den Vergangenheitserzählungen des anderen zu entdecken.

David Mamet und Wendy Wasserstein stehen für eine Generation amerikanischer Juden, die sich sowohl über ihre jüdische als auch über ihre amerikanische Identität definieren. Nach der Abkehr von der eigenen Herkunft und Kultur der ersten Generation jüdischer Einwanderer und der amerikanisierten, säkularisierten Erziehung ihrer als Amerikaner geborenen Kinder entdeckte die Folgegeneration ihre eigenen *roots* wieder. Besonders deutlich wird die Besinnung auf die jüdische Identität bei Mamet, der als Erwachsener die hebräische Sprache erlernte und sich 1982, im Alter von 35 Jahren, zum ersten Mal künstlerisch mit dem Thema des Identitätsverlustes durch Assimilation in *The Disappearance of the Jews* auseinander setzte.

2.4 Das jüdisch-amerikanische Drama als Familiendrama und zur besonderen Rolle der jüdischen Mutter am Beispiel von Clifford Odets *Awake and Sing!* und Wendy Wassersteins *Isn't It Romantic?*

Viele jüdisch-amerikanische Dramen sind Familiendramen. Die auf der Bühne gezeigten Situationen und Handlungsabläufe finden also innerhalb eines familiären Rahmens statt. Innerhalb der dargestellten Familien hat die Mutter meist eine besondere, zentrale Position. Auch in vier der fünf hier besprochenen Dramen spielt sich das Geschehen in der Lebenswelt einer Familie ab. In *Awake and Sing!* wird das Leben einer jüdischen Einwandererfamilie in New York gezeigt, *The Old Neighborhood* thematisiert Konflikte, welche in interkonfessionellen Familien entstehen können. *Isn't It Romantic?* stellt unterschiedliche Familienentwürfe, wie die alleinerziehende Mutter, die jüdische Großfamilie und die im Stück den Schwerpunkt einnehmende Kleinfamilie vor. In *A Shayna Maidel* finden die Überlebenden einer durch den Holocaust zersprengten Familie in neuer Konstellation wieder zusammen.

In diesem Kapitel sollen die Darstellungen der jüdischen Familie und der jüdischen Mutter in den Dramen *Awake and Sing!* und *Isn't It Romantic?* genauer betrachtet werden. Der Vergleich der beiden Familiendarstellungen zeigt beispielhaft die gesamtgesellschaftlichen Veränderungen, welche die Institution der Familie während der letzten fünf Jahrzehnte in Amerika durchlaufen hat. Die beiden Dramen wurden ausgesucht, da sich an ihnen gut der Prozess kultureller Assimilation und sozialen Aufstiegs jüdischer Familien in Amerika festmachen lässt. In Odets Drama lebt die Familie noch unter recht ärmlichen Verhältnissen und vor allem die Mutter träumt vom sozialen und wirtschaftlichen Aufstieg ihrer Kinder. Wassersteins Komödie ist im sozialen Milieu der „upper middle class" angesiedelt. Ihre Protagonisten haben eine Universitätsausbildung genossen und kommen aus wohlhabenden Familien. Interreligiöse Eheschließungen sind kein Tabuthema mehr und die jüdischen Sitten werden nicht mehr strikt befolgt. Gleichzeitig zeigt Wasserstein den Trend amerikanischer Juden zur Rückbesinnung auf die religiösen Traditionen als Gegenbewegung zur Assimilation.

2.4.1 Clifford Odets: *Awake and Sing!*

In *Awake and Sing!* stellt Odets eine jüdische Familie vor, die drei Generationen umfasst. Die Handlung wird von familiären Konflikten bestimmt. Diese Konflikte entstehen durch Erwartungen einzelner Familienmitglieder an andere, die nicht erfüllt werden. Auch die unterschiedlichen Wünsche und Lebensvorstellungen der Figuren rufen Konflikte hervor. Familiäre Auseinandersetzungen kommen auch dadurch zustande, dass die Charaktere mit den Anforderungen des Lebens unterschiedlich gut zurecht kommen. Die Darstellung der jüdischen Mutter nimmt in *Awake and Sing!* viel Raum ein, da die Mutter Bessie eine zentrale Figur des Stückes ist.

Der Umgangston in der Familie ist insgesamt eher ein rauer und reflektiert ihre erschwerten Lebensbedingungen. Alle haben unter der wirtschaftlichen Krise zu leiden und müssen Opfer bringen. Sohn Ralph geht einer erdrückenden Fabrikarbeit in der Textilfirma seines Onkels nach und muss das Geld an die Familie abgeben. In der engen Wohnung steht ihm jedoch nicht einmal ein eigenes Zimmer zu. Mutter Bessie vertröstet ihn auf Hennies Zimmer, sobald diese verheiratet ist. Bessie erwartet von ihrem Sohn, sich den Nöten der Familie unterzuordnen und gesteht ihm kein Privatleben zu. Ralph nimmt seinen Eltern und besonders dem Vater gegenüber zunächst eine ablehnende Haltung ein und träumt davon, mit seiner Freundin Blanche aus der familiären Enge auszubrechen. Durch den Tod des ihm persönlich sehr nahen Großvaters erkennt er jedoch, dass ihm die Familie und deren Zusammenhalt sehr wichtig sind und er beschließt, bei ihnen zu bleiben.

Seine Schwester Hennie rebelliert auf ihre Weise gegen die Erwartungen der Mutter, möglichst früh zu heiraten und eine Familie zu gründen: sie wird unehelich schwanger. Ein knappes Jahr lang passt sie sich dann dem von der Mutter arrangierten Eheleben mit einem rechtschaffenen, jüdischen Einwanderer an, dem das Kind untergeschoben wurde. Doch die Armut und Tristesse ihres Daseins treibt sie in die Arme von Moe Axelrod, mit dem sie am Ende des Stückes Hals über Kopf in ein neues Leben nach Kuba aufbricht. Ihr Kind lässt sie bei der Familie zurück und gibt somit ein Gegenbeispiel zum Mythos der idealisierten jüdischen Mutter ab, die das Wohl ihres Kindes vor das eigene stellt. Bezeichnenderweise gibt auch Bessie zu, sich als junge Frau nach der Flucht aus der Familie gesehnt zu haben:

> But I'll tell you a big secret: My whole life I wanted to go away too, but with children a

woman stays home. A fire burned in my heart too, but now it's too late."[307]

Bessie hat unter ihrem Mann Myron zu leiden, der sich Träumereien hingibt und wenig zur Verbesserung der Lebensverhältnisse beisteuert. Anklagend bemerkt sie ihrem Sohn Ralph gegenüber, dass sie die ersten zwei Jahre nach ihrer Immigration in einem *sweatshop* arbeitete, um ihrem Mann ein Jurastudium zu ermöglichen, welches er offenbar nicht abschloss.

> BESSIE: Here I'm not only the mother, but also the father. The first two years I worked in a stocking factory for six dollars while Myron Berger went to law school. If I didn't worry about the family who would? On the calendar it's a different place, but here without a dollar you don't look the world in the eye. Talk from now to next year – this is life in America. [308]

Ihre Einstellung zum Leben und zu ihrer Religion scheint sich seit ihrer Einwanderung grundlegend geändert zu haben, denn für Bessie zählt in Amerika nicht mehr der „calendar", also die jüdische Aufteilung des Jahres nach religiösen Feiertagen und Mondphasen, sondern es zählt der „dollar".

Bessie leidet außerdem unter ihrem Vater Jacob, der nicht aufhört, von einer Arbeiterrevolution zu schwärmen und sie in ihrer Sorge um das materielle Wohl der Familie verachtet. Mehrmals berichtet Bessie von Zwangsräumungen der Wohnungen anderer Familien, die sie beobachtet hat. Damit will sie ihre Familie warnen und auf den Ernst ihrer Situation hinweisen. Auffallend an der Figur der Bessie ist ihre verbale Dominanz den anderen Figuren gegenüber. Sie spricht sicherlich am meisten und unterbricht auch oft die anderen im Gespräch. In vielen ihrer Äußerungen macht sie deutlich, wie wichtig ihr das Ansehen ihrer Familie, besonders ihrer Kinder bei den Leuten aus der Nachbarschaft ist. Mit ihrer Sorge um den materiellen und gesellschaftlichen Stand der Familie, ihrer verbalen Dominanz und ihrer Taktlosigkeit besitzt Bessie somit viele der von Grözinger zusammengefassten Negativeigenschaften in der modernen Darstellung der jüdischen Mutter.

2.4.2 Wendy Wasserstein: *Isn't It Romantic?*

Bereits im Prolog von Wendy Wassersteins Komödie deutet sich an, dass sich hier typische Familienkonflikte auftun werden, wie der Auszug der Tochter in die Selbständigkeit. Die Eltern Tasha und Simon Blumberg versuchen verzweifelt, Janie in ihrer neuen Wohnung telefonisch zu erreichen und singen ihr nostalgische Verse auf den Anrufbeantworter: „Is this the little girl I carried? Is this the little boy

---

[307] Odets, Clifford, 96.
[308] Odets, Clifford, 95.

at play? I don't remember growing older, when did they?"³⁰⁹ Kurz darauf kommen sie ihre Tochter besuchen und äußern ihre Zweifel über Janies Sicherheit in der neuen Wohnung: „What kind of place is this? There isn't a doorman. Is this place safe for you?"³¹⁰
Die Eltern sind sehr am Leben, auch am Privatleben ihrer Tochter interessiert und diese fühlt sich dadurch in ihrer Privatsphäre gestört. Auf die Frage von Marty, ob sie ihrer Familie nahe stünde, sagt Janie: „In a way. She's a dancer and he's very sweet. It's complicated."³¹¹

In die Figur der Mutter Tasha lässt Wasserstein viele stereotype Negativeigenschaften einfließen, mit denen die jüdische Mutter in der modernen, amerikanischen Literatur oft dargestellt wird. Tasha gibt ihrer Tochter zum Beispiel unaufhörlich Ratschläge zur besseren Lebensführung, dazu gehört die ständige Erinnerung, sich um ihre äußere Erscheinung zu kümmern. Anderen gegenüber, zum Beispiel Ehemann Simon betont sie wiederum, wie attraktiv doch Janie sei. Außerdem behauptet sie vor Janie, von anderen Müttern um sie beneidet zu werden.

> TASHA: Janie, please don't lie there like a body. You have everything to look forward to. When you were in high school, the other mothers would stop me on the street and say, "You must be so proud of Janie. She's such a brilliant child. If only my daughters were like Janie."
> JANIE: What are the names of these mothers. I want names.³¹²

In zahlreichen Anspielungen weist Tasha darauf hin, dass sie von Janie erwartet, dass diese heiratet und Kinder bekommt: „I see girls your age wearing theirs to walk the baby carriage."³¹³ Als Janie den jüdischen Arzt Marty kennen lernt, der aus einer sehr wohlhabenden Familie stammt, wird klar, dass gesellschaftliche Stellung und Herkunft für Tasha wie für Simon wichtige Attribute sind und sie sich daher wünschen, dass Janie mit Marty eine Verbindung eingeht.

> TASHA: I like this Marty Sterling.
> JANIE: You don't even know him.
> TASHA: He comes from nice people.
> JANIE: His father is an arsonist.
> SIMON: Believe me, you can have a nice life with him. Sounds like a very nice boy. He said to give you a message to call him at the hospital. He was in the Emergency Room at Mount Sinai.

---

[309] Wasserstein, Wendy, 79.
[310] Wasserstein, Wendy, 87.
[311] Wasserstein, Wendy, 97.
[312] Wasserstein, Wendy, 88.
[313] Wasserstein, Wendy, 148.

TASHA: I told you he was a nice boy.[314]

Gleichzeitig zeigt Wasserstein Mutter Tasha aber auch als moderne, emanzipierte Frau. Sie widmet ihre Zeit zum Beispiel lieber mit ihrer Leidenschaft des Tanzens, als für die Familie zu kochen. Sie hat auch akzeptiert, dass ihr Sohn eine Nichtjüdin geheiratet hat. Als es zwischen Tasha und Janie gegen Ende des Dramas zu einer offenen Auseinandersetzung kommt, macht Tasha deutlich, dass sie sich von der traditionellen Rolle der jüdischen Mutter unterscheiden will und eine unabhängige Frau ist. Dabei spielt sie auch mit dem Negativklischee der jüdischen Mutter, die außer an der Überfütterung ihrer Familie nur an ihrem Aussehen interessiert ist.

TASHA: Now I understand. Everything is my fault. I should have been like the other mothers: forty chickens in the freezer and mah-jongg all afternoon. Janie, I couldn't live like that. God forbid. You think your father would have been happy with one of those women with the blond hair and the diamonds? And I'll tell you something else: you and Ben wouldn't have come out as well as you did.[315]

Tasha ist eine moderne Mutter mit traditionellen Werten.[316] Sie bewundert einerseits Lillian Cornwall, die ihr Leben als erfolgreiche Karrierefrau und alleinerziehende Mutter meistert, andererseits setzt sie für das Leben ihrer Tochter andere Maßstäbe. In ihrer Erziehung überwiegt ihr jüdisches Traditionsbewusstsein. In der Unterhaltung zwischen ihr und Lillian wird deutlich, dass sie sich in ihrer Selbstwahrnehmung aufgrund ihrer jüdischen Herkunft von Nichtjuden, wie zum Beispiel Lillian unterscheidet: „Listen, I know you people don't like to get very intimate, ..."[317] Kritisch gibt sie Lillian den Rat, keine „frankfurter" zu essen, da diese aus Schweinefleisch bestehen. Sie verwendet Lillian gegenüber auch auffallend viele jüdische Ausdrücke und betont so ihre jüdische Kultur: „They deserve a little *naches*. You know what I mean by *naches*? A little happiness."[318]; „... they don't *hoc* you a *chinic*. That means they don't bang on your teakettle."[319] Gegenüber ihrer Familie zeigt sich Tasha dagegen immer betont modern und amerikanisch.

Außer Tasha kommen in *Isn't It Romantic?* noch zwei weitere Mütter vor: Lillian Cornwall und - wenn auch nur indirekt - Marty Sterlings Mutter. Lillian Cornwall lebt, wie bereits erwähnt, von ihrem Mann getrennt und hat ihre Tochter

---

[314] Wasserstein, Wendy, 90.
[315] Wasserstein, Wendy, 150.
[316] Vgl. Bigsby. C. W. E. *Contemporary American Playwrights*. Cambridge: Cambridge University Press, 1999, 341.
[317] Wasserstein, Wendy, 122.
[318] Wasserstein, Wendy, 119.
[319] Wasserstein, Wendy, 121.

Harriet allein großgezogen. Im Berufsleben ist sie sehr weit aufgestiegen und nimmt eine leitende Position ein. Ihrer Tochter versucht Lillian zu vermitteln, dass Frauen für ihre berufliche Karriere Abstriche im Privatleben hinnehmen müssen. Sie selbst hat ihre Karriere und berufliche Selbständigkeit einer funktionierenden Ehe vorgezogen. So vermutet Harriet auch gegenüber Paul: "I don't think my mother particularly wants me to get married."[320] Im Vergleich zu Tasha verhält sich Lillian weniger widersprüchlich in ihrer Erziehung. Sie gibt ihre eigenen Werte, wie Selbständigkeit und Karrierebewusstsein an Harriet weiter. Interessanterweise ist es am Ende Harriet, die heiratet und sich eine Familie wünscht, denn sie möchte im Gegensatz zu ihrer Mutter darauf nicht verzichten müssen.

Marty Sterlings Mutter steht wie seine ganze Familie für jüdisches Traditionsbewusstsein. In der Familie Sterling werden jüdische Feiertage begangen, so ist Janie bei den Sterlings zum Beispiel auf dem Chanukahfest eingeladen. Auf den Familienzusammenkünften der Sterlings ist immer die gesamte Familie mit Martys Bruder samt Ehefrau und Kind anwesend. Das erinnert an den zu früheren Zeiten engeren Zusammenhalt jüdischer Großfamilien. Marty äußert Janie gegenüber, dass sie seiner Mutter sehr ähnlich sei, indem sie sich zu viele Sorgen und Gedanken mache. Über Janies Mutter bemerkt er kritisch: „I told her your mother was a bit cuckoo."[321] Durch den Vergleich von Janie mit seiner eigenen Mutter deutet Marty an, dass er sich Janie in der Rolle der Ehefrau vorstellt, die sich um die Kindererziehung und das Wohlsein der Familie kümmert, also keinem Beruf nachgeht. Seine Äußerung über Janies Mutter zeigt außerdem, dass er nicht viel von der persönlichen Entfaltung und Selbständigkeit der Frau hält.

Bei einem Vergleich der jüdischen Familiendarstellungen in den beiden erläuterten Dramen fällt auf, dass sich die Art des Zusammenlebens, die Rolle der Frau und Mutter sowie die soziale Schicht geändert hat. Das familiäre Zusammenleben in *Awake and Sing!* ist noch enger und die Familie umschließt drei Generationen. In *Isn't It Romantic?* besteht die Familie im Höchstfall aus Vater Mutter und Kind. Diese veränderte Familienstruktur ist kein jüdisches Phänomen, sondern eine allgemeine Entwicklung in Industrienationen wie den USA, die sich seit den fünfziger Jahren des letzten Jahrhunderts vollzogen hat.

Der Vergleich der beiden Töchter in den jeweiligen Dramen zeigt die gewonnenen Freiheiten und gestiegenen Möglichkeiten zur individuellen Lebensgestaltung von Frauen seit den sechziger Jahren auf. Während in *Awake and Sing!* die Tochter Hennie erst als verheiratete Frau aus dem elterlichem Heim auszieht, lebte Janie bereits als Studentin allein in einer anderen Stadt. In ihre Heimatstadt New York zurückgekehrt, bezieht sie eine eigene Wohnung anstatt wieder bei ihren El-

---

[320] Wasserstein, Wendy, 101.
[321] Wasserstein, Wendy, 109.

tern zu leben. Bessie Berger erwartet von ihrer Tochter Hennie nicht etwa, durch die Aufnahme einer Arbeit zum Familienunterhalt beizutragen, sondern frühzeitig zu heiraten, um einerseits versorgt zu sein und andererseits die Familie dadurch zu entlasten. Janie Blumberg hingegen wird von ihrem Vater als potenzielle Nachfolgerin in der Führung seines Unternehmens gesehen. Hennie scheint für sich selbst gar nicht in Erwägung zu ziehen, einem Beruf nachzugehen. Die einzige realistische Arbeitsmöglichkeit für sie wäre wohl eine eintönige Fabrikarbeit. So nimmt sie die Rolle der „Jap" an und versucht, bis zu ihrer Hochzeit ihre begrenzten Freiheiten auszuschöpfen. Für Janie dagegen ist die Suche nach dem richtigen Beruf zentral, da sie sich vor allem darüber definiert. Alles andere, wie die Wahl des richtigen Partners und die Familienplanung steht hinter ihrer beruflichen Selbstfindung.

Auf die Rolle der Frau bezieht sich Odets mit seinen Figuren der Bessie und Hennie Berger noch vor allem als Ehefrau und Mutter. Wasserstein porträtiert mit Tasha Blumberg eine Mutter, die sich in ihrem Leben stark auf die eigene Selbstverwirklichung als Tänzerin konzentriert. Sie wird in dieser Hinsicht zum Vorbild für ihre Tochter, die sich als freie Autorin verwirklichen will. Von den Bergers zu den Blumbergs hat sich ein bemerkenswerter sozialer Aufstieg vollzogen. Die Bergers plagten finanzielle Existenzängste, ein Aufstieg schien für sie unmöglich. Die Blumbergs sind in der „upper middle class" angekommen, der Vater kann als erfolgreicher Geschäftsmann seinen beiden Kindern eine universitäre Ausbildung bieten. Sohn Ben Blumberg ist Anwalt und Tochter Janie Literaturwissenschaftlerin geworden. Sie bewegen sich in Kreisen von Topmanagern, Medizinern und fernsehbekannten Unternehmern.

Indem Odets und Wasserstein universale Familienkonflikte am Beispiel jüdischer Familien darlegen, gelingt es ihnen, ihren *mainstream* - Dramen einen ethnischen Aspekt hinzuzufügen. Beide Dramen bieten sowohl für Juden als auch für Nichtjuden die Möglichkeit der Identifikation mit den dargestellten jüdischen Figuren und Familien, da sie einerseits die Gemeinsamkeiten jüdischen Lebens mit nichtjüdischem Leben verdeutlichen, aber andererseits auch die Besonderheiten jüdischer Kultur hervorheben.

3 Schlussteil

3.1 Zusammenfassung der dargestellten jüdischen Kultur im modernen jüdisch-amerikanischen Drama

Nach einer historischen Darstellung des jiddischen Theaters und seiner Entwicklung in Amerika um die vorletzte Jahrhundertwende wurde das moderne jüdisch-amerikanische Drama epochenartig zusammengefasst. Um sich einer Definition des Genres „jüdisch-amerikanisches Drama" zu nähern, wurde seine Sonderstellung in der amerikanischen Literatur und Theaterlandschaft erläutert. Man kann das jüdisch-amerikanische Drama nicht als „Ethnic Theatre" bezeichnen, da es nicht als Sprachrohr und Ausdrucksmöglichkeit einer kulturellen Minderheit entstand. Das „Yiddish Theatre" hingegen würde schon eher in die Kategorie „Ethnic Theatre", neben das „Afro-American Theatre" oder das „Asian-American Theatre" passen. Im „Yiddish Theatre" wurde Bezug zur Herkunft jüdischer Einwanderer genommen und es bot für das Publikum ein Stück verlorene Heimat, war meist sehr sentimental und nostalgisch.

Das jüdisch-amerikanische Drama hingegen ist ein Teil des *American mainstream*, der sich meist mit den gerade in der Gesellschaft aktuellen Themen befasst. Besonders in den USA, wo Theaterhäuser nicht subventioniert werden, muss sich das Theater auch immer den Nöten und Interessen seines potenziellen Publikums anpassen. Jüdische Schriftsteller sind in der amerikanischen Literatur, im Vergleich zum jüdischen Anteil an der amerikanischen Gesamtbevölkerung auffallend überrepräsentiert. Vor allem in der Dramenliteratur dominieren jüdische Autoren. Das hängt mit der festen Verankerung der Bildung und der Lese- und Schreibkultur in der jüdischen Tradition zusammen. Nicht umsonst werden die Juden als das „Volk des Wortes" bezeichnet. Die hohe Affinität zum gesprochenen Wort und damit auch im weitesten Sinne zum Theater liegt nicht zuletzt an der jüdischen Tradition des „pilpul", der „scharfen Auseinandersetzung."[322] Diese Tradition der dialogischen Wortauslegung des Talmuds hat sicherlich ihren Beitrag zur jüdischen Tradition der intensiven alltäglichen verbalen Kommunikation geleistet. Auch die Psychoanalyse mit ihrem jüdischen Gründer Sigmund Freud basiert hauptsächlich auf dem Dialog, auf der Idee der verbalen Konfliktlösung.

Die hohe Anzahl jüdischer Autoren in der amerikanischen Literatur führt zur jüdischen Färbung ihrer Literatur, welche man folglich als jüdisch-amerikanische

---

[322] „Pilpul" (hebräisch: Pfeffer) bezeichnet ursprünglich die argumentative Auseinandersetzung mit dem Talmud, die Diskussion über die unterschiedliche Auslegung der religiösen Gesetze. Im Talmud selbst wird „pilpul" als deduktiver, lösungsorientierter Argumentationsprozess bezeichnet.

Literatur bezeichnen kann. Dabei ist wieder zu bemerken, dass es unter den jüdischen Autoren auch solche gibt, die absichtlich keine jüdischen Elemente in ihre Werke mit einfließen lassen, wie zum Beispiel Lillian Hellman oder Norman Mailer. Viele jüdische Autoren beschäftigen sich jedoch literarisch mit der jüdisch-amerikanischen Identität und mit jüdischer Kultur in Amerika. Es wurden für diese Arbeit fünf Autoren und Autorinnen ausgewählt, die unterschiedliche Aspekte jüdischer Kultur auf unterschiedliche Weise in ihren Werken verarbeitet haben.

Bestimmte Themen, die für die jüdische Bevölkerung von besonderem Interesse sind, kommen häufiger in jüdisch-amerikanischer Literatur vor als in nichtjüdischer oder werden in eigentümlicher Weise dargestellt. Zu diesen Themen gehören die Darstellung jüdischer Einwanderer und ihre Integration in die amerikanische Gesellschaft, die Verarbeitung des Holocausts, die Problematik kultureller Assimilation sowie die Thematisierung familiärer Konfliktbereiche und hier im Besonderen der Rolle der jüdischen Mutter. Diese Themen wurden zunächst vorgestellt, um sie im Hauptteil an Hand der fünf ausgewählten Dramen darzulegen.

An der Dramenanalyse von *Awake and Sing!* wurde gezeigt, dass die Problematik jüdischer Immigration und Integration hier primär über das Darstellungsmittel der Sprache und über die Verwendung stereotyper jüdischer Charaktereigenschaften vermittelt wird. Odets machte mit seinem Porträt der aufstiegsorientierten Familie Berger deutlich, dass das Lebensgefühl vieler jüdischer Einwanderer der ersten und zweiten Generation der Wunsch nach Erfolg und das Streben nach dem *American Dream* war. In *Awake and Sing!* weist Odets gleichzeitig auf die Schattenseiten und Gefahren des *American Dream* hin und erinnert das Publikum an die Bewahrung moralischer Werte und an den Wert des Individuums in der Gesellschaft.

Die Dramen *Incident at Vichy* und *A Shayna Maidel* wurden als zwei unterschiedliche Verarbeitungen und Darstellungen jüdisch-amerikanischer Dramatiker des Themas Holocaust ausgewählt. In *Incident at Vichy* wurde vor allem die individuelle Verantwortung des Einzelnen vor dem Hintergrund des gesamtgesellschaftlichen Geschehens problematisiert. In *A Shayna Maidel* wurden die Reaktionen der Überlebenden des Holocausts und ihrer Angehörigen vor allem als Verdrängungsprozess und Schweigen über die Erfahrungen gezeigt.

Das Thema der kulturellen Assimilation und die Frage nach der jüdischen Identität wurde an Hand von Mamets *The Old Neighborhood* und Wassersteins *Isn't It Romantic?* betrachtet. Mamet zeichnet ein pessimistisches Bild des amerikanischen Juden, der seine jüdische Kultur verloren hat und ihr nachtrauert. Wasserstein entwirft eine Vielfalt von Möglichkeiten, die jüdische mit der amerikanischen Identität zu vereinbaren.

Das jüdisch-amerikanische Drama als Familiendrama und die Darstellung der jüdischen Mutter wurde schließlich an *Awake and Sing!* und *Isn't It Romantic?* untersucht. Die zentrale Bedeutung der Familie und der Mutter in der jüdischen Kultur wird in diesen Dramen reflektiert. Bei dem Vergleich von *Awake and Sing!* und *Isn't It Romantic?* wurden die Veränderungen der Familienstrukturen und die veränderte Rolle der jüdischen Mutter von den dreißiger bis in die achtziger Jahre deutlich. Die Familie hat sich von der Großfamilie zur Kleinfamilie gewandelt, Frauen sind emanzipiert und karrierebewusst geworden. Der bessere Lebensstandard wird deutlich beim Vergleich ehemals armer jüdischer Einwandererfamilien mit gegenwärtig wohlhabenden, gebildeten jüdischen Familien der Mittel- und Oberschicht.

Insgesamt liefern die ausgewählten Dramen einen Einblick in das jüdisch-amerikanische Drama des 20. Jahrhunderts, das sich einerseits in den *American mainstream* eingliedert, sich andererseits von ihm durch eine gewisse *yiddishkayt* abzusetzen vermag. Das Theater als Reflektion von gesellschaftlichen Stimmungen und Entwicklungen zeigt, welche Bedeutung die jüdische Identität heutzutage für viele der etwa sechs Millionen jüdischen Amerikaner einnimmt, nämlich eher die eines Lebensgefühls als einer Religion.

3.2 Ausblick: Zukunft des modernen jüdisch-amerikanischen Dramas – neue Autoren und Themenspektren

Neben den besprochenen Themen hat das jüdisch-amerikanische Drama besonders in den letzten zwei Jahrzehnten viele neue Themen aufgenommen. Dazu gehört unter anderem Homosexualität, die *gender*-Problematik und AIDS. Jüdische Homosexuelle wurden zum ersten Mal 1983 auf einer Broadwaybühne gezeigt, in Harvey Fiersteins Drama *Torch Song Trilogy*.[323] Sein Werk *Widows and Children First* (1979), das einen homosexuellen Mann als jüdische Mutter zeigt, ist ein Beitrag zur *gender*-Diskussion. Die AIDS-Krise wurde zum ersten Mal von dem jüdischen Autor Larry Kramer in seinem Broadwaydrama *The Normal Heart* (1985) auf die Bühne gebracht.[324] Tony Kushner sorgte mit seinem Werk *Angels in America: A Gay Fantasia on National Themes* (1993) in den USA für Aufregung, erntete aber auch viel Anerkennung. Das Drama gewann zahlreiche Preise, unter anderem den Pulitzer Preis, den Tony Award und den New York Drama Critics' Circle Award.[325] Das Drama ist in die zwei Teile *Millennium Approaches* und *Perestroika* unterteilt. Es verbindet die Themen Homosexualität und AIDS und zeigt jüdi-

---

[323] Vgl. Klein, Dennis- A. „Angels in America as Jewish-American Drama" *Yiddish: A quarterly* journal devoted to Yiddish and Yiddish literature 12 (2001): 34-43, 34-35.
[324] Vgl. Klein, Dennis- A., 34.
[325] Vgl. ebd., 35.

sche Charaktere verschiedener Gesellschaftsschichten, die auf unterschiedliche Weise mit diesen Themen und ihrer eigenen jüdischen Identität umgehen. Das Drama *Falsettos* (1992) von William Finn und James Lapine behandelt die Umgehensweise einer jüdischen Familie mit dem Thema Homosexualität.[326] Wendy Wasserstein kombiniert in ihrem viel beachteten und ebenfalls mit dem Pulitzer Preis ausgezeichneten Drama *The Heidi Chronicles* (1989) die Themen Homosexualität und *gender*-Problematik.

Neben diesen neuen Themen bietet den jüdischen Autoren weiterhin die Bibel Stoff für moderne Dramen. Merle Feld lässt in ihrem Drama *Across the Jordan* (1994) in der Fantasie ihrer Protagonistin, einer jungen israelischen Anwältin, eine neue Version der alttestamentarischen Geschichte von Sarah und Abraham entstehen. Auch spezifische Zweige der jüdischen Religion, wie der Chassidismus oder die Lehre der Kaballah werden von jüdisch-amerikanischen Autoren verarbeitet, wie Lloyd George mit *Passover* (1984) oder Norman Lessing mit *36* (1980).[327]

Über die Zukunft des jüdisch-amerikanischen Dramas lässt sich viel spekulieren. An gesellschaftlich relevanten Themen wird es auch den neueren Autoren nicht mangeln. Die Frage nach der Definition und Bedeutung einer jüdisch-amerikanischen Identität bleibt weiterhin aktuell und kann sehr unterschiedlich beantwortet werden. Das Verhältnis jüdischer Amerikaner zum Staat Israel und seiner Politik ist keinesfalls homogen und bildet die Grundlage kontroverser Diskussionen. Auch die jüdische Position zur aktuellen Diskussion um eine „religiöse Radikalisierung" Amerikas ist eine nähere Untersuchung wert. Wie in den letzten Jahrzehnten werden die neueren Autoren des jüdisch-amerikanischen Dramas weiterhin politisch kontrovers sein und aktuelle Themen kritisch betrachten.

---

[326] Frank, Glenda. „The Struggle to Affirm: The Image of Jewish-Americans on Stage." In: Maufort, Marc (Hg.). *Staging Difference. Cultural Pluralism in American Theatre And Drama*. New York, Washington, D.C./ Baltimore, San Francisco, Bern, Frankfurt am Main, Berlin, Vienna, Paris: Peter Lang, 1995, 245.
[327] Vgl. Siebald, Manfred, 118.

4 Bibliographie

Primärliteratur:
Lebow, Barbara. "A Shayna Maidel" In: Blacher Cohen, Sarah (Hg.). *Making a scene. The Contemporary Drama of Jewish-American Women.* New York: Syracuse University Press, 1997, 76-127.
Mamet, David. *The Old Neighborhood.* Three Plays: The Disappearance of the Jews – Jolly - Deeny. New York: Vintage Books, 1998.
Miller, Arthur. *Incident at Vichy.* New York: Penguin Books, 1985.
Odets, Clifford. "Awake and Sing!" In: *Six Plays of Clifford Odets.* New York: Grove Press, Inc., 1979, 33-101.
Wasserstein, Wendy. "Isn't It Romantic." In: *The Heidi Chronicles and Other Plays.* New York: Vintage Books, 1991, 73-153.

Sekundärliteratur:
Alter, Iska. „Wendy Wasserstein." In: Shapiro, Ann R. (Hg.). *Jewish American Women Writers.* A Bio-Bibiographical and Critical Sourcebook. Westport, Connecticut; London: Greenwood Press, 1994, 448-457.
Balakian, Janet N. „The Holocaust, the Depression, and McCarthyism: Miller in the sixties". In: Bigsby, Christopher (Hg.). *The Cambridge Companion to Arthur Miller.* Cambridge: Cambridge University Press, 1997, 115-138.
Betsko, Kathleen und Rachel Koenig (Hg.). „Wendy Wasserstein." In: *Interviews with Contemporary Women Playwrights.* New York: Beech Tree Books, 1987, 418-431.
Biale, David, Michael Galchinsky und Susannah Heschel (Hg.). *Insider/ Outsider.* American Jews and Multiculturalism. Berkeley; Los Angeles; London: University of California Press, 1998.
Bigsby, C. W. E. *A critical introduction to twentieth-century American drama.* Vol. 1: 1900 - 1940. Cambridge: University Press, 1982.
_____ *A critical introduction to twentieth-century American drama.* Vol. 2: Tennessee Williams, Arthur Miller, Edward Albee. Cambridge: University Press, 1984.
_____ *David Mamet.* London: Methuen & Co. Ltd., 1885.
_____ *Contemporary American Playwrights.* Cambridge: Cambridge University Press, 1999.

Blacher Cohen, Sarah. „From Critic to Playwright: Fleshing Out Jewish Women in Contemporary Drama." In: Antler, Joyce. *Talking Back.* Images of Jewish Women in American Popular Culture. Hanover; London: Brandeis University Press, 1998, 191-203.
_____ „Yiddish Origins and Jewish-American Transformations." In: Blacher Cohen, Sarah (Hg.) *From Hester Street To Hollywood.* The Jewish-American Stage and Screen. Bloomington: Indiana University Press, 1983, 1-17.
_____ *Making a scene.* The Contemporary Drama of Jewish-American Women. New York: Syracuse University Press, 1997.
Brater, Enoch. „Ethics and Ethnicity in the Plays of Arthur Miller." In: Blacher Cohen, Sarah (Hg.). *From Hester Street to Hollywood.* The Jewish-American Stage and Screen. Bloomington: Indiana University Press, 1983, 123-136.
Bryer, Jackson, R. „Interview with Wendy Wasserstein." In: *The Playwright's Art.* Conversations with Contemporary American Dramatists. New Brunswick, N.J.: Rutgers University Press, 1995, 257-276.
Centola, Steven R. „ 'The Will to Live': An Interview with Arthur Miller." *Modern Drama* 3 (1984): 345-360.
Demastes, William W. *Clifford Odets.* A Resarch and Production Sourcebook. Westport, Connecticut: Greenwood Press, 1991.
Frank, Glenda. „The Struggle to Affirm: The Image of Jewish-Americans on Stage." In: Maufort, Marc (Hg.). *Staging Difference.* Cultural Pluralism in American Theatre And Drama. New York, Washington, D.C./ Baltimore, San Francisco, Bern, Frankfurt am Main, Berlin, Vienna, Paris: Peter Lang, 1995, 245-257.
Grabes, Herbert. *Das amerikanische Drama des 20. Jahrhunderts.* Stuttgart; Düsseldorf; Leipzig: Klett, 1998.
Grözinger, Elvira. „*The Jewish Mother* in der amerikanischen Literatur nach 1945." In: Grözinger, Karl E. *Jüdische Kultur.* Studien zur Geistesgeschichte, Religion und Literatur. Band 3: Neumeier, Beate (Hg.) *Jüdische Literatur und Kultur in Großbritannien und den USA nach 1945.* Wiesbaden: Harrassowitz Verlag, 1998, 141-157.
Helfman Kaufman, Rhoda. „The Yiddish Theater in New York and The Immigrant Jewish Community: Theater As Secular Ritual." [Masch.-schr.] Diss. Berkeley, California, 1986.
Harap, Louis. *Dramatic Encounters.* The Jewish Presence in Twentieth-Century American Drama, Poetry, and Humor and the Black-Jewish Literary Relationship. Westport: Greenwood Press, Inc., 1987.

Haslam, Gerald W. „Odet's Use of Yiddish-English in *Awake and Sing.*" *Research-Studies* 34 (1966): 161-64.
Hubert-Leibler, Pascale. „Dominance and Anguish: The Teacher-Student Relationship in the Plays of David Mamet." *Modern Drama* 4 (1988): 557-570.
Isser, Edward Richard. „The Antedecents of American Holocaust Drama and the Transformation of Werfel's *Jacobowsky and the Colonel.*" *Modern Drama* 4 (1991): 513-522.
────────────── „The Probable, the Possible, and the Ineffable: Anglo- American Holocaust Drama." [Masch.-schr.] Diss. Stanford,1991.
Kane, Leslie. *Weasels and Wisemen.* Ethics and Ethnicity in the Work of David Mamet. New York: Palgrave, 2001.
Klein, Dennis- A. „Angels in America as Jewish-American Drama." *Yiddish: A quarterly journal devoted to Yiddish and Yiddish literature* 12 (2001): 34-43.
Langer, Lawrence L. „The Americanization of the Holocaust on Stage and Screen." In: Blacher Cohen, Sarah (Hg.). *From Hester Street to Hollywood.* The Jewish-American Stage and Screen. Bloomington: Indiana University Press, 1983, 213-230.
Lifson, David. S. „Yiddish Theatre." In: Schwartz Seller, Maxine (Hg.). *Ethnic Theatre In The USA.* Westport, Connecticut: Greenwood Press, 1983,549-587.
Mandl, Bette. „Alive and Still, In You." In: Maufort, Marc (Hg.). *Staging Difference.* Cultural Pluralism in American Theatre And Drama. New York, Washington, D.C./ Baltimore, San Francisco, Bern, Frankfurt am Main, Berlin, Vienna, Paris: Peter Lang, 1995, 259-265.
Mayer, Michael A. *Jüdische Identität in der Moderne.* Frankfurt am Main: Jüdischer Verlag im Suhrkamp Verlag, 1992.
Nelson, J. A. „A machine out of order: Indifferentiation in David Mamet's *The Disappearance of the Jews.*" *Journal of American studies,* 25.3 (1991): 461 – 467.
Robinson, James, A. „Arthur Miller's *The Price* and Jewish Assimilation." In: Maufort, Marc (Hg.). *Staging Difference.* Cultural Pluralism in American Theatre And Drama. New York, Washington, D.C./ Baltimore, San Francisco, Bern, Frankfurt am Main, Berlin, Vienna, Paris: Peter Lang, 1995, 121-139.
Sandrow, Nahma. „Yiddish Theater and American Theater." In: Blacher Cohen, Sarah (Hg.) *From Hester Street To Hollywood.* The Jewish-American Stage and Screen. Bloomington: Indiana University Press,

1983, 18-26.
Sattar, Majid. „Ein gelobtes Land." *Frankfurter Allgemeine Zeitung* 251 (27. Okt. 2004): 8.
Schiff, Ellen. „Hard to be a Jew? Questions of Identity in American-Jewish Drama." *Modern Jewish Studies* 12 .4 (2001): 22 - 33.
　　　　　　 From stereotype to metaphor. The Jew in contemporary Drama. Albany: State University Press, 1982.
　　　　　　 „The Greening of American-Jewish Drama." In: Fried, Lewis, Gene Brown, Jules Chametzky und Louis Harap (Hg.). *Handbook of American- Jewish Literature.* An Analytical Guide to Topics, Themes and Sources. Westport, Connecticut: Greenwood Press, 1988, 91-122.
Shuman, R. Baird. „Clifford Odets and the Jewish Context." In: Blacher Cohen, Sarah. *From Hester Street to Hollywood.* The Jewish-American Stage and Screen. Bloomington: Indiana University Press, 1983, 85-105.
Siebald, Manfred. „Jüdisch-amerikanische Literatur im 20. Jahrhundert zwischen *Upward mobility* und *ancestral grief.*" In: Grözinger, Karl E. *Jüdische Kultur.* Studien zur Geistesgeschichte, Religion und Literatur. Band 3: Neumeier, Beate (Hg.) *Jüdische Literatur und Kultur in Großbritannien und den USA nach 1945.* Wiesbaden: Harrassowitz Verlag, 1998, 95-121.
Whitfield, Stephen, J. „Wendy Wasserstein and the Crisis of (Jewish) Identity." In: Halio, Jay L. und Ben Siegel (Hg.). *Daughters of Valor.* Contemporary Jewish American women writers. Newark: University of Delaware Press, 1997, 226-246.
　　　　　　　　 In Search Of American Jewish Culture. Hanover; London: Brandeis University Press, 1999.
www.ptnj.org/Bios/playwrights.htm besucht am 5. 9. 2004.
www.graveyards.com besucht am 31. 10. 04.
www.jewishculture.org/theater/theater_roth.html besucht am 1. 11. 2004.
www.juf.org/services_resources/sr_shalom_jcp.asp besucht am 4.11.2004.
www.yaelf.com/aueFAQ/mifwop.shtml besucht am 4.11.2004

www.ingramcontent.com/pod-product-compliance
Lightning Source LLC
Chambersburg PA
CBHW020902020526
44112CB00052B/1202